25岁，如何规划你的人生

写给十年后不后悔的自己

松浦弥太郎

杨明绮 译

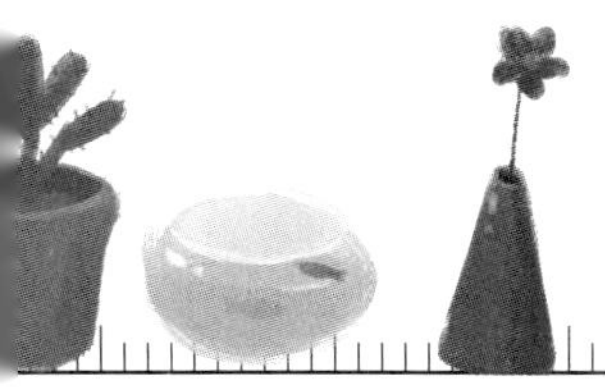

新星出版社 NEW STAR PRESS

目 录

写给中国年轻朋友

每当我开始尝试新事物时，我会在心中想象今后的自己，同时也反省过往的自己。

完成的事、没有完成的事，开心的事、悲伤的事，还有大大小小的麻烦……回想这些事情时，我的脑中会浮现当时的种种情景。当然，在这之中有褒也有贬，有感到羞愧的事，也有无法向人启齿的事。然而，只要让这些事情稍微停驻心中，并解开症结，心情就会变得清爽愉悦。

管理学中有所谓的PDCA，指的是反复进行“计划、执行、检查、改善”等步骤，这些当然也能套用在自我成长规划上，而最重要的步骤，就是检查与改善。

我会将自己觉得重要的事、想做的事、想学习的事、想注意的事，写在一张纸上。把自己察觉到的小发现逐条记下，再当作礼物送给想要开始尝试一些新事物的自己。没错，这么做是为求改善。

这习惯已经持续了十年以上，因此，我已经拥有一份备忘录，还会不断地补上新的发现或删减，随时进行更新。

学生时代用信纸写信时，不会用信封，只会像折纸一样，将信纸折成小小一张，大家应该都有这样的回忆吧。我会将新的备忘录像学生时期那样折成一小张，当作护身符夹进记事本里。换言之，这东西是为了自己所做的护身符。不花钱买，而是自己动手做，是一件令人开心的事。

顺道一提，我会逐项记录这些事，如下所示，供大家参考：

- 不急、不求、不发怒
- 好好休息，尽情玩乐
- 早睡早起
- 明确表达自己的意思
- 别急着抱怨
- 遵守约定
- 常怀感恩
- 不贪心
- 谨言慎行
- 常保笑容
- 凡事未雨绸缪
- 更坦率
- 今天也要用心度过
- 切忌不懂装懂
- 给自己找乐子
- 待人更亲切……

虽然都是理所当然的事，也净是一些羞于向别人提起的事；但所谓的成长，就是提升理所当然之事的精确度。唯有如此，才能有新的发现、新的挑战。

一年之中，难免会遇到令人沮丧的事情，此时，不妨打开为自己做的护身符，你将发现自己还有哪一项没做到，有哪一项潜藏着解决问题的建议。发生什么事时，这张备忘录能够确实地帮助自己，成为一剂强心针。

回归正题，无论是日常生活还是工作，我们往往热情地投入计划与执行,却容易忽略检查与改善。因此，开始尝试新事物时，绝对不能缺少“改善”这个燃料。

备忘录既是改善方案，也是护身符，它一定能成为支持你我的一股力量，也能成为将迷惘的自己导向正确之路的地图。

松浦弥太郎

前言

我的出发点，其实是一连串的失败。有别于大多数人高中、大学毕业后便进入职场工作，高中辍学的我连一句英文也不会说，便远渡重洋到美国，迎接二十几岁的人生。

从时薪两美元的工作开始，我打过各种工，终于开了一家小书店，开始进入出版业，到现在成为“COW BOOKS”的负责人，并担任《生活手帖》的总编辑。我绝对不是一掷千金的大梦想家，而是累积每一个小成功，才造就现在的自己。

一路走来，领受到周遭前辈的诸多教诲，也从不同的经验累积各种学习法则，我希望以这些事物为基础，集结成一本教导现在25岁左右的年轻人，如何享受美好生活，以及如何面对工作的指导手册。

25 岁的年轻人还是职场菜鸟，不，我更喜欢“新人”这字眼。这是一段对未来感到惶惶不安、没有梦想、无论面对工作或是自己都很迷惘的时期。因此，我试着以身为新人的你所具备的视野与角度，认真思考：“如果我现在 25 岁，最想做的 50 件事。”

以此为前提，我想先将自己 25 岁时，如果能知道该怎么做会更好的三大要点与现在的年轻人分享。若能让你铭记于心，将是我莫大的荣幸。

要点 1 绝大多数求才若渴的人，随时都在寻觅千里马

经营者与位居管理层的人，总是在寻觅人才。即便去咖啡厅或酒吧放松一下，也会留意是否有好人才，一旦发现，自然不会放过。所谓好人才，就是不会满足于现状、有实力的人。例如：遇到突发状况，懂得随

机应变的人；态度积极，体贴别人的人；总是笑脸迎人，予人良好印象的人。但意外的，这样的人才少之又少。我有一位不便具名的年轻企业家朋友，就拥有好几位这样的员工。我问他："你是在哪里找到他们的？"他说，其实多半是在餐厅、居酒屋或健身房等地方遇到的。

这些人都不是透过正式渠道录取的员工；而是通过偶然相识的机缘招募到的优秀人才。好比你一时之间找不到适合的工作，只好去打工；但其实原本工作的地方就有许多机会，只是人生阅历尚浅的你没有发现而已。

主动关心别人，就能得到被他人赏识的机会。也许在意想不到的情况下，有人正在关注你。这是我希望年轻人明白的第一个要点。

要点 2　人们随时都在寻找能帮助自己的事物

虽然与第一点有点类似，但这是泛指工作、生意往来以及人际关系的共通道理。

就像走进便利店，即使没看到自己想买的物品，也会随便买些什么一样。换句话说，我们总是在找寻能够在自己又累又渴之时，有助于恢复活力的东西。就算去超市选购晚餐要烹煮的蔬菜、肉类等食材，也是在找寻能够解决问题的事物。

结论是人们花钱、花时间，都是为了有助于己。无论是为了逃避现实，还是投资自我，都是把金钱和时间耗费在能够帮助自己的事物。人际关系也是如此，我们只想跟能帮助自己的人来往，寻找可以倾听自己的想法、认同自己的人。因此，人们会将金钱和时间花在对自己有益的人与事物上，只要明白此道理，便能立刻洞悉什么东西能够在这时代大卖，以及其畅销的原因。

要点 3　收入多寡，与带给他人感动的质量呈正比

我想，大部分的人在 25 岁左右时，都还是个一心期盼能多点收入的职场新人。因此，我希望大家明白的第三个要点，就是收入多寡究竟与什么事物呈正比？不

是时间，不是努力，也不是运气；而是与带给他人感动的质量呈正比。简单来说，就是能够带给他人多少感动。

若你现在的收入不高，不妨省思是否被你感动的人不够多。我认为，待在家里做的工作，收入肯定不高。倒也不是说这样的工作不好，只是带给别人感动的质量相对也不高。

相反的，活跃于国际体坛的一流足球选手，之所以一年大赚数十亿，是因为世上多不胜数的人都为他出神入化的球技而感动。

收入多寡与公不公平无关，而是与能带给多少人喜悦、带给多少人感动呈正比。这是一种人间机制。

这三个要点看似简单，其实非常重要。年轻时的我不懂，25 岁的你应该也不明白，请将这三个要点铭记于心，思考“50 件自己想做的事”吧！

25 岁正值人生起飞阶段，也是认真思考自己想做些什么的黄金时期，若这本书能成为你的人生良伴，将是我莫大的荣幸。

01

以成为社会的齿轮为傲

常有人说:“反正我只是社会的一个齿轮罢了。”“齿轮”二字给人消极的印象;但对我来说，这是一个非常积极的字眼，若能成为社会的一个小齿轮，是一件非常棒的事。

所以，我想先从成为社会的小齿轮做起。

为什么我会这么想呢?

因为基于“前言”提到的三个要点。容我再强调一次，“世上绝大多数求才若渴的人，随时都在寻觅千里马”，“人们随时都在寻找能帮助自己的事物”，“收入多寡，与带给别人感动的质量呈正比”。世上所有事物皆是以这三点为基础，只要有这三大齿轮，每个人都能让身为小齿轮的自己，抓到如何与大齿轮契合的诀窍。或许这种说法有点抽象，但社会结构就是如此，不是吗？

虽然 25 岁的你已是成年人，但还不足以独当一面。一想到身为社会一分子该如何贡献己力、对社会有所帮助时，就会意识到："自己是社会的一个小齿轮。"我认为这个意识正是开创未来的底蕴。

虽然只是一个小齿轮，还是要思考如何与比自己大一点的齿轮，甚至与社会这个大齿轮契合。正因为我们都是社会的一分子、组织里的小齿轮，才能参与所有社会活动。不妨将此意识当作一个目标，想象自己是公司某部门的齿轮吧！唯有成为齿轮，才能形成一股动力，并想象即便是多么渺小的存在，都要成为公司这个大齿轮的能量来源。

除了社会之外，还能变成什么齿轮呢？一个人无法构成社会，也无法建立家庭关系与人际关系。每个人都必须与别人互相配合，这与成为社会的齿轮，学习如何与社会契合，"才能在世上生存"的道理是一样的。

说得夸张一点，这就是我的人生信念，也希望年轻人能努力找到如何契合的诀窍，毕竟齿轮的质量只能靠自己努力打磨。我想，设法不让齿轮耗损的整备功夫，就是面对工作、面对人生的一种态度。

我到现在还是认为自己只是社会的一个小齿轮。就算回到 25 岁，我也还是会这么想！而且越年轻，越要有这般认知才行。

从消极的齿轮变成积极的齿轮，只要有此意识，便能认知自己是社会的一分子。有此认知就是一种自我成长，不是吗？比起“自己只是一个小齿轮”的消极想法，积极面对自己是小齿轮的事实，才能为人生加分。因此，我想先从成为社会的小齿轮做起，总有一天，一定能成为最棒的齿轮。

02

累积“小小的成功”

要想闯出一番成就，努力的过程很重要。就像时薪 1000 日元的人，不可能突然调升至时薪 10 万日元，但若是历经从 1000 日元调升至 2000 日元，再调升至 5000 日元的过程，时薪变成 10 万日元也就不足为奇了。也许你很怀疑真的会有这种事吗？确实有。我认为累积小事等同于累积小成功，这一点非常重要，只要持之以恒地累积小成功，无论是谁，都能尝到成功的滋味。

这与第三个要点“收入多寡，与带给别人感动的质量呈正比”有关，而且感动的量与质一样重要。

那么，我们来思考一下什么是“质”吧。量与质息息相关，只要质好，量也会增加。也许你以为高质量是很了不起的事；其实，所谓的高质量就是除了一般常识与能力之外，也兼具专业能力的意思。维持一定质量所得到的成功，绝对能够让你成长。接下来的说明对于不擅长数理的人来说，可能较难理解，若以图表标示质量成长，便能显示出指数函数的变化。也就是说，显示出的不是线性函数（一次函数）的直线，而是曲线。

我再解释得清楚一点。图表的横轴代表时间，纵轴代表成长幅度。一开始明明耗费不少时间，显示出来的却始终是低空掠过，而呈现微幅成长；但从某个关键点开始，成长幅度却在极短时间内飙升，成了急遽上升的曲线。

谁都有过明明拼了命地努力，却无法发挥实力，得不到评价的低潮期。就算苦撑下去，似乎也得不到周遭认同，因而犹豫是否要放弃。这是迷惘的25岁最常遇到的人生难题。其实，只要持续积极向前，就算成长幅度不大也是成长，所以别急着否定自己。坚持并不容易，忍耐是必备功夫。

虽然一开始是平稳的曲线，但只要某个关键点来临，就会一口气飙升。我发现指数函数的曲线是一种原理，也适用于人际关系。虽然人与人之间的相处要花时间经营，但往往会突然从某个时期开始变得非常亲密，对吧？我想，大多数人都有此经验，也比较容易想象。

坚持很重要，唯有坚持，才能拉开与别人的差距；不过，千万不能将“重复”误解成坚持。好比每天重复做一件单纯的工作，很容易让人误以为是坚持，但这其实是你意想不到的陷阱。

假设你被分配到将数据装入信封的工作，直到工作结束之前，你必须重复同一个步骤。于是你开始思考：如何能早点完成工作？如何能做得更完美？像这样边发挥创意，边完成一件工作，就是在“累积小小的成功”。不但能提早完成，还做得更好！在完成的同时，也提升了质量。这种小成功绝对不是靠一成不变的“重复”所能达到的。即便一再重复，“决胜点”永远也不会到来。我常将“用心”挂在嘴边，意即究竟你有多么热爱眼前这份工作。我希望年轻的你能够明白，爱与决胜点其实是相辅相成的关系。

03

训练自己在三个月内成为领导者

年轻时的我专挑别人不想碰的工作，因为我认为，大家挤破头想进去、竞争激烈的职场肯定胜算不高，所以选择大家不想做的工作，竞争对手也比较少。

当时，我曾在搬家公司、工地打工，也做过处理动物尸体、清扫独居老人过世后的住所等工作。因为愿意从事这些工作的人不多，所以很容易得到成就感。只要赢得他人的认同，再花点巧思，找到新方法，便能让自己充满自信。虽说是清扫工作，才踏入职场三个月的我便顺利升为组长，因为我不光是完成别人交付的工作，而是“用心”完成工作，提出各种创新作法，让自己脱颖而出。

即使是毫不起眼的事，只要从中获得成就感，便能产生自信。自信十足地向别人介绍自己的工作，这般乐在其中的模样势必能赢得他人的信赖，促使这些小成功成为联结更多机会的契机。

只要联结更多机会，累积小成功、小实绩，就会有开花结果的一天。即便是大家不想碰的无趣工作、麻烦工作，若能率先采取行动，累积实绩，便能扩大自己的存在感，成为别人心目中的好帮手。因此，“赢得先机”这句话，是帮助我扩大自身存在感的利器。

记得我在工地打工时，一心想成为跑腿专家。午休时间一到，我们这些打工的人就必须帮忙跑腿买罐装咖啡、香烟，被叫去跑腿的人往往一脸不情愿，但我总是主动响应：“好！我去买！”然后飞快跑去离工地有段距离的商店。其实他们并没有叫我跑，我只是想努力做些别人不想做的事。

于是，我成了大家眼中做事非常积极的小子，也得到更多更好的工作机会。没错，因为我赢得先机。

那时的我为了夺得先机，决定当个跑腿专家。无论是搬东西、拿东西，我都一马当先，可惜很多人并不晓得这就是赢得先机的方法。

其实，一般人视为愚蠢的无聊工作，往往潜藏着莫大机会，应变力、行动力也是表现自我的机会。只要用心观察周遭人，譬如A先生喜欢哪个牌子的烟、B先生喜欢什么口味的罐装咖啡，像这样记住每个人的喜好，便能让自己得到更多脱颖而出的机会。

不妨观察身处的职场，思考如何赢得先机。别人不想碰的事、无趣的工作、琐碎的工作，都潜藏着机会。储存先机，总有一天会生出利息。

04

养兵千日，用在一时

虽然这句话听起来有点老套，但我认为，在没有人看到的地方，仍要努力练习，不能懈怠。

就算突然被指名上场代打，若平时勤加训练，当机会来时，就能充分发挥实力。如果只知道认真工作，平常却缺乏训练的话，就算机会上门也不知该如何应对。

我不但不会要求员工加班，反而鼓励他们下班后做些自我充电的事，像听音乐会、阅读等。或许你认为公司付给你的薪水是朝九晚五这段上班时间的工资，其实不然。公司支付的薪水也包括“你没有在公司上班的时间”。因此，如何善用私人时间自我磨炼，做好健康管理，也是工作的一部分。

年轻时的我，为了保持最佳备战状态，充分发挥实力，反复尝试了各种练习。那时的我既没实力，也缺乏专业技术，但我一直告诫自己，唯有努力奉行三大原则：“不迟到早退”“第一个到公司”“保持活力”，才能赢得别人的信赖。于是二十出头的我开始彻底实践这三大原则。

目前任职于《生活手帖》的我虽然位居高层，但每天早上还是习惯提早两个小时到公司。我发现新人都很认真，会比其他同事早一点到公司。我很赞许他们的表现，无奈这般工作精神大多维持不了多久，顶多努力到第三年就不会比别人早来上班了。我经常在想，若五年、十年都比别人早上班的话，究竟能为自己提升多少信赖度呢？

直到某天，我发现一件令人惊讶的事。总是习惯先到公司附近的咖啡店买杯咖啡，再进公司的我，赫然发现公司最年轻的一位业务人员坐在店里看书。一问之下，才知道他每天早上都会来这家店，而且比其他同事提早五分钟进公司。因为我们所属部门不同，很少有机会接触，后来我问他：“为什么每天那么早来这里喝咖啡呢？”他有点不好意思地说，因为自己刚进公司不久，还没办法进入状况，所以趁上班前来这里看书，准备一下今天要做的工作。

听到他的回答，我真的很感动，也对于年纪轻轻的他就明白充电、准备之类的功夫不能占用上班时间的道理，深感佩服。而且他一点都不夸耀，态度十分谦虚，每天早上默默坚守自己的原则。

能像他如此努力的人，真的很少。对于自己的坚持，他觉得很不好意思，我告诉他，这是值得赞许的事，请他务必持续下去。他很率直地应允，我也就没再多说什么吹捧的话了。

每天在不被注意到的地方比别人加倍努力，真的很令人感动。在看得到的地方帮助他人、体贴他人是理所当然的，而在别人看不到的地方带给人喜悦，却是难能可贵的事。

05

失败有时能让我们更强大

我想25岁的你应该尝过不少失败，不是惹是生非，就是造成别人的困扰。我也曾经无意识地伤害他人，做过不少让人难过的事。我从失败的过程中学到一件事，那就是："重要的不是如何解决问题，而是如何面对问题"。

一旦发生问题，谁都会急着想解决；但年纪尚轻、阅历不深的你，想凭一己之力解决问题，绝对不是件容易的事。

当问题发生时，最重要的不是设法解决，而是如何迅速应对。马上向对方道歉，直接约对方碰面，诚心诚意地说明一切，不要一味辩解，而是确实地反省自己的缺失。

诚恳又迅速地应对，能让原本的弱点变成优势，还能将失败与难题转化成正面力量。毕竟有时就算努力想解决问题，也不见得能获得正面效果。这是为什么呢？因为解决问题这件事的主控权掌握在他人手里，要是对方愿意原谅你造成的麻烦，问题自然能够解决。由此可见，能否解决问题取决于对方。因此，解决问题绝对不是光靠自己就能办到的，你能做的，就是恳切地面对问题。

对年轻人来说，失败乃家常便饭。好比危机就是转机，失败也是一种机会。成功时，只能得到他人的掌声，但失败时，却能从“今后该怎么办”这种好奇心出发，一跃成为备受瞩目的黑马。人类有着喜欢看见别人不幸的天性，所以不拘任何形式地激发他人的好奇心，也是抓住机会的一种方式。虽然设法补救很重要，但面对失败的态度更是关键，因为这股力量有时能让单纯的失败变成美好的挫折。

乍看是个失败经验，却能让自己从中思考、学习，所以反而是成功的体验。例如，脚不小心骨折，也能让你从中学到一些事，像是因此认识医术精湛的外科医生，或是变得很会包绷带之类的。

我认为一件事最终是成功还是失败，取决于个人。虽然解决问题的主控权掌握在别人手里，但能让失败与成功有所联结的人，只有自己，这就是所谓“失败的美学”吧。

25 岁时，我经常提醒自己，所有事情都能让自己变得更强大，都能转换成能量。无论遇到多么讨厌的事，只要懂得“正面思考”，便能让麻烦事成为茁壮自我的养分。积极地面对任何事，比什么都来得重要。

06

绝对不能替人作保

虽然这种情形应该不多，但一踏入社会，就可能遇到来自亲朋好友代为作保的请托。

所谓作保，就是借钱的当事人一旦无力偿还时，身为保证人必须代为偿还之意。也就是说，你替朋友作保，若朋友因故无法偿还，你就必须代替友人还债，因此，绝对不能替人作保。有极高的比率证明，替人作保的下场，往往就成了替人背债的冤大头。

当然，难免会遇到受人恩惠、实在很难拒绝的情形。我也有过被人拜托作保的经验，而且基于现实考虑，不知道该怎么拒绝，所以我非常清楚个中难处。

遇到这种情况时，我都会这么说："毕竟我们是朋友，我也很想帮你，可是我答应我爸绝对不能替人作保，所以就算想帮你也没办法。”事实上，我父亲的确要求我“绝对不能替人作保”。

“虽然很想帮忙，但我不能违背和爸爸的约定，真的很抱歉。当然，如果我爸答应的话，我一定会帮你的。”

像这样清楚传达自己的立场，便能婉拒对方。如果对方还是再三请求的话，那就再补一句：“不如我现在打电话给我爸，你来说服他好了。”话已至此，我想应该不会还有人如此不识相，真的打电话吧？

不少人因为不知如何拒绝，被迫替人作保，甚至预支自己的退休金替人还债。因为我也有那种财务状况出问题的亲戚，所以我父亲绝对不替人作保，若因此坏了彼此的情谊也是没办法的事。我认为，婉拒作保，才是为对方着想的决定。

年轻时，多少会有借贷方面的问题，若能将其视为人生经验，从中了解负债的可怕，明白现实世界的严苛，倒也不是件坏事。问题是，一旦替人作保，可就不是花个数十万便能了事，不但会影响你的人生和工作，甚至连累到亲朋好友，所以绝对不能替人作保，也不能请求别人作保。要是态度不够坚决，只会让自己背负一屁股债，千万别做出让自己后悔的决定。

此外，像这种一定要保证人的工作，表示公司负责人或是你有一方的信用度不高。信用基础不高，又怎能期待这份工作会有好发展呢?

07

坚持每次只买一本最想拥有的书

无论面对工作还是生活，我们常常得做出取舍。无论信息、工具，还是人际关系，我们都希望能尽量选择对自己最好的，也因此，选择是需要训练的，不妨依个人喜好，记录让自己感动的事物。譬如，参观展览时，从一百幅画作中选一幅最喜欢的作品，再用某种形式将这份感觉保存下来。

记得小时候，母亲常带我去百货公司看展览，展场出口会贩卖明信片等周边商品，母亲每次都会让我挑一张最喜欢的明信片。挑一张最喜欢的明信片，等同于选择让自己最感动的事物，而且因为只能挑一张，所以下次看展时，就会格外用心地观赏作品。不知不觉养成这个习惯的我，后来不论是去哪里，都会下意识地寻找自己最喜欢的东西，或是记下今天最感动的事。于是，心中累积越来越多的“明信片”，犹如累积越来越多的“喜好”。

去书店时也是，母亲总是叫我挑一本自己最想买的书，但要从数不清的书中挑选一本是多么困难的事，何况当时我的年纪还小。后来我投身出版界，有时为了去国外某间书店看看，就算花上半天时间搭飞机也甘愿，而且往往不是为了工作，而是私人行程。我也总是坚持只挑一本最想买的书。我很享受那种在三层楼高的书店里，为了挑选哪一本书而烦恼不已的乐趣；而不是想说以后不会再来,便买了一堆书。不管到哪里，我都坚持只买一本书，即便是平日常去的书店也一样。

这本也想买，那本也想买，最后却只挑了一本，历经这段过程后被相中的书，便有了属于它的故事。当然有时也会发生事后觉得应该买另一本的遗憾，但这也成了另一则故事。即便失败，都会有自己的故事。

因为珍惜挑选的过程，所以我不想抱着“顺便”

的心态买书。记得我有次帮杂志写稿，出国采访时，同行的编辑问我："顺便去当地书店买几本书，如何？"不然就是："松浦先生在这里有不少朋友，顺道去拜访他们，如何？"我从来没有顺便做工作以外的事，或是顺道访友，就算有空闲时间，也会忙着寻找外景场地，或是准备采访的内容。因为我认为不应该占用工作时间做私人的事，况且抱着"顺便""搭便车"的心态，对别人也不礼貌。所以我宁可花时间、花钱搭飞机再来一趟，也不想抱着顺便的心态面对人、事、物。也因为这样的坚持，从中诞生出许多属于我的故事。我认为，过程比什么都重要。

对年轻人来说，从过程衍生出的想法非常珍贵。俗话说："有失必有得。"自己真正想要的东西，绝对不是靠着"顺便"就能得到的。

08

学会四个步骤，轻松享受成果

每件事都有步骤，而且最重要的第一个步骤就是观察。基本上，我做每件事都会依循以下四个步骤。

第一步：先观察，取得各种情报。

第二步：从观察的结果中学习。

第三步：反复练习学到的东西。

第四步：学会后，开始实践。

以上四个步骤看似简单，其实非常重要，第四个步骤更是享受成果的诀窍。也许你认为学习过程应该很热血，极力拼胜负才行，但学习过程也可以非常放松。所谓放松的意思，就是让自己轻松地完成一件事，而这四个步骤，正是为了能轻松学习、享受成果所做的准备。

怎么说呢？无论是什么样的胜负，要是不懂得放松，往往得不到理想的结果。“放松”就是不拘泥于无谓的事、花费无谓的气力，而呈现最自然的状态。一旦处于对自己来说最自然的状态，也就是回归“质朴”，此时便能发挥超乎想象的本领与实力。由此可见，放松能带来令人惊讶的效果。

放松不是叫你抱着随便、马虎的心态，而是不要一头热地投入某件事，且要懂得“退一步，海阔天空”的道理。一旦过于投入，内心就会涌现“一定要赢”的欲求，但只要懂得放松，就不会产生这般不必要的情感。当然也能以强硬的方式平衡情感，然而，平日自我训练下意识地控制情绪更为重要。

虽然并非所有事情都取决于胜负，但好比战争和赌博，一旦掺入个人情感，引发事端，就只有认输的份了。因此，专业领域特别讲求“看”，也就是观察。

试着从各种观点与角度切入，了解规则与状况，仔细观察流程，由此便能决定胜负。所谓真人不露相，不让周遭人感受到威吓与压力，让别人搞不清楚你是敌是友，默默观察的这段时期比什么都重要。

我在十几岁时远赴美国也是，因为在日本打过各种工,照理说可以尽情施展自己的本领。但最初三个月，我告诉自己一定要低调，因为我想先弄清楚谁是老大，还有这份工作的本质为何。待弄清一切之后，才开始拿出我的真本事。

多数人在年轻时，个性比较急躁，无法理智地面对事情。人生不是短距离的冲刺，而是以马拉松的方式迎向终点。别被胜负所束缚，切忌心浮气躁，凡事按照自己的速度前进就对了。

09

随时保有好奇心

我希望你能保有“好奇心”，因为对年轻人来说，关心各种事物是必备的基础力。

要是对任何事物不感兴趣，也不关心国家社会，就只能活在自己的象牙塔里。

保有好奇心，才会想了解更多事，才会去思考，从中产生各种疑问。然而，大多数情形是就算不明白事物的本质，仍然活得下去；即便被某件事物吸引，不去探求，也不会影响到日常生活。

就算我们眼睛所见、感觉到的，只是一些肤浅的情报，也还是能安然无恙地度日。反正只要知道今天是晴天就好，没必要了解更多信息；不会影响到人际关系，也不会对自己造成任何负面影响。

但我认为，那些想要成就些什么、希望自己和别人有所不同，期许自己带给他人更多感动的人之所以出类拔萃，就在于他们保有“好奇心”。我希望大家明白一件事，那就是成功者多是保有好奇心、勇于探究事物本质的人。

此外，好奇心是否具有“深度”这一点也很重要。年轻的你肯定对于未知的将来或不明白事物本质而心烦，抑或因为无法一展长才、工作不顺等而苦恼，但缺乏好奇心的人，根本连为何苦恼都不知道。因此，请鼓励自己保有探索事物的好奇心。唯有洞悉事物的本质，才能让自己更好。

那么，该如何保有好奇心呢？这的确有点难以理解。我想，只能先从“为何？”“为什么？”“怎么会这样？”这三个疑问句开始做起，就像经管书里经常提到的“5W”道理是一样的。从反复提出疑问的过程中，一定能发现很多东西，而且，都是自己好不容易才体会到的。当你感到困惑时，不妨活用这三个疑问句来解决问题。

保有好奇心之所以能突显个人的存在，是因为你对自己拥有信心的关系。虽然好奇心的“深度”因人而异，但不变的是出于自己的发现与思考。培养出如何表现自我的底蕴，也是一种自信的展现。

当想着“今天是晴天”的时候,若能进一步思索:“为什么今天是晴天？”“这是什么样的气候现象？”与人谈话的深度绝对不一样。好奇心能让你发现只有自己才明白的道理，并增添个人魅力。因此，我随时都会重复问那三个疑问句，以保持好奇心。

10

深度探究喜欢的事物，培养自己成为专业人才

找到一件“喜欢的事”吧。

即便和自己的工作与生活没有直接相关也无所谓，就算不知道是不是真心喜欢也没关系，因为喜欢的心情是可以培养的。也许你现在还无法明确察觉喜欢这件事，但只要有可能，就请深度探究下去吧。

也许深度探究后，无法从中获得任何感动，也无法勉强自己喜欢，那也只要再寻找另一件喜欢的事物就行了。不过，在这样的过程中，一定会出现必须深入探索才能看见的“东西”，若你为这“东西”感动的话，不妨试着挖掘下去。重要的是，真正喜欢的事物绝对无法唾手可得，而是必须深究后才能明白。

因此，请先试着探索自己也许会喜欢的事物。一旦发现能让你感兴趣的东西，不妨进一步研究。如此一来，就会冒出更多有趣的东西，然后继续探究直到你厌烦为止。我建议一定要深入探究，直到再也发现不到任何东西为止。

就算喜欢的是难以启齿的事物也没关系，只要深入探究，也许它就能成为你的独特观点，因为你比任何人都要更加了解这项事物的本质。

充满自信地向别人陈述一件事，真的很厉害。很少有人能陈述得这么有深度，说不定只有你才能做得到，也成了令人尊敬的对象。

漫画家三浦纯，就是一位喜欢深度探究的人。虽然女性朋友不太能接受他的“偏好”，但我认为他的优点在于那种持续探索的执着，尽管他的创作别人往往褒贬不一，却无法讨厌这个人。

我认为，今后每个人的存在就像个策划人。

虽然一个人也能应付各种事情，但现今的社会趋势，是将工作分门别类的外包制。也就是说，工作形态将从团体战逐渐变成小组制。汇集优秀人才，成立专业小组，不但能提升工作效率，还可以节省时间。总之，金钱与时间的运用形态将产生莫大的改变。

无论你是上班族或是自由工作者，都必须具备足以应付各种状况的基本能力，然而，今后光靠这项基本能力是行不通的，因为工作形态已经改变。我认为，今后具备专业能力的人，才是真正的人才。想要成为专业人才，就必须找到一项专长，而深入探究事物，正是能让自己具备专业能力的一种训练。

就算是不合情理的事也无妨，现今社会需要的是专业人才，比起什么都只懂一点点皮毛的家伙，对于某项事物特别有研究的人更能在社会上立足。

11

培养独特观点

常有人说："我在寻找自己喜欢的东西。"但真是如此吗？其实你应该早就找到了，只是无法通过"人间"这个过滤器，说出来而已。

想一想，你现在是否热衷于某件事呢？不论是电玩游戏也好，网购也罢，或是Twitter、Facebook……什么都行，这些东西或许给人负面印象，所以没人会说这是自己的专长。

不过，如果我集中精力，花两三个小时玩Twitter的话，它应该也能成为我的一项专长。因为沉迷于一件事，能让自己比别人更加了解，不管是面对什么题材，也都能深入探究、乐在其中，透过这段享受的过程，也许会发现不曾有人注意到的课题。

一旦对自己感兴趣的事物有了更进一步的了解，

就会产生继续探究的动力。就像和别人聊天，开心到忘了时间，当然会想找机会和对方碰面。面对喜欢的事物也是如此。不需要透过人间这个过滤器，试着单纯去喜欢就行了。

如果是我的话，会更率直地累积许多热衷的事，希望大家也是如此。虽然自己喜欢的事物，不一定能得到正面评价,但只要坚持下去就对了。至于好或不好，那是社会的观感。想想看，你是否也有能让自己花上一小时忘情投入的事物呢?

也许现在无法启齿，但十年后，情况一定会改变。即便现在被人轻蔑，但过了十年、二十年，也许就成了人人赞扬的事。无论是 YouTube 还是 Facebook，这些在全球极具人气的网络平台，当初都是属于赌上高风险的少数派观点，一旦赌赢了，便能得到翻倍的高回报。虽然一开始只是少数人的创意，根本不被看好，但随着死忠粉丝越来越多，不但造就了时代传奇，也随之日益精进。

因此，强迫自己接受当下多数人的看法，是毫无意义的。因为少数意见经过纠正后，有可能会变成多数意见，而成为对社会来说十分必要的存在。

年轻时的我，曾着迷于某一类旧书，那是没什么价值可言的“B级艺术书”，这种书不是被当成垃圾随意丢弃，就是被摆在二手书店的书架上，一本50日元、100日元地便宜卖；而我却一本一本地收集。后来，我从美国回来，曾在代代木公园的跳蚤市场摆摊，那时我将廉价收购的杂志和书籍，以一本5000~1万日元的价格标售，没想到卖得出奇的好，于是我成了东京二手书市场的多数派，意即“B级艺术书”获得了跳蚤市场的认可。

之后，这类书籍的行情从东京扩展至地方，甚至影响了国外的二手书市场。我想，这就是探究“喜欢的东西”，并赋予其新价值所得到的成果吧。当时还没有年轻人投入二手书店这个行业，我以那个时代的观点为出发点，也算是革新者。

12

养成列出十大清单的习惯，让思考活络

我们常说的头脑体操，也就是思考这行为，听起来好像没什么特别的，但对年轻人来说，却是务必养成的习惯。

记得我二十几岁时，常会将写下“十大清单”。例如，“十大最适合遛狗的散步小径”“十大住家附近最美丽的庭院”“十大最亲切的警察先生”等，这让我对身边的事物始终保持着高度兴趣。另外,也可以列出“十大最难相处的人”之类的清单。这项习惯不但有助于宣泄压力，也能更加了解自己的价值观。

养成列出十大清单的习惯，能让自己学习观察，洞悉事物的本质。而且为了养成这习惯，必须“深度探究自己喜欢的事物”。你可能会觉得列出十大清单比想象中来得困难，但这习惯绝对能帮你的工作加分。

即便挑选的是让人觉得不可思议的主题也没关系，养成这习惯的真正目的，就在于锻炼自己的思考力。

有次，我从知名插画家安西水丸的访谈节目得知安西先生年轻时也有这习惯时，顿时有一种遇到同好的兴奋感。

我还会列出“十大想见面的人”清单。记得当时，我想见面的人有五六十位之多，当然不可能全部都见到，毕竟没有门路，要见面也没那么容易。但列出清单后，可以恣意地想象，倒也不坏。我之所以养成这习惯，是起因于看了摄影师土门拳先生的随笔集《死亡与活着》（死ぬことと生きること）书中有一张令我印象深刻的照片——土门先生的房间有一面墙，密密麻麻地写满自己想拍摄的对象，然后在拍过的人物上画线标注。他每天就是这样看着自己的目标。这张照片让我的内心受到相当大的冲击，马上仿效他这么做。

虽然这项作业远比想象来得困难，但真的很有趣。列出的清单中，有马上就能见到的人，也有着经过二十年仍无缘相识的人。

列出清单的习惯，不但能锻炼思考力，还能培养策划力，我非常推荐。25 岁的我因为好奇心旺盛，遇到什么都喜欢问：“为什么会这样？”因而被取了“发问男”的绰号。当然也曾被前辈回应“你自己想啊”而觉得非常尴尬的经验。记得那时的前辈训我：“别以为问人最省事！”现在想想，我当时的行为跟现在上网找答案根本无异。

虽然善用网络真的很方便，但过度依赖的结果，只会让自己失去求知欲与思考力。因此，千万不能过分依赖网络，试着从各种角度观察事物，思考后再上网搜寻，遵守这样的原则，脑袋才不会僵化。

13

每天都要开拓新的人际关系

我25岁时，每天都会提醒自己:“一天认识一个人，努力开拓新的人际关系。”不是抱着随意交友的心态，而是积极开展新的人际关系。

一年有365天，一年就能开拓365位新的人际关系。拓展新的人际关系有什么意义呢？我想，就是思考如何带给对方好心情吧。哪怕只是一句:“你今天穿得很好看呢！”或是微笑地向对方打招呼，一天一位，试着通过人际关系的开拓，思考如何让对方开心。

25岁左右的你，也许还没办法在职场上独当一面，只能听从别人的指示。但只要能找到一件自动自发、不受别人指使的事，每天就能过得很快乐。

换句话说，就是自我规划。通过自我规划，感觉自己的心房被打开了。若是不主动敞开内心，又如何能期待他人的响应呢？我认为，再没有比敞开心房、打动对方，更叫人开心的事了。如此一来，365 人当中一定会有 5 位、10 位能更进一步与你发展成友好关系。

生活中有许多与人接触的机会。像是在便利商店排队结账时，与身边的人攀谈；或是去邮局买邮票，和邮务人员闲聊几句；甚至遛狗散步时，主动与人打招呼，都能带给他人好心情。

年轻时的我还没有太深的体认，直到某天，才察觉这行为就像“播种”，不晓得能开出什么样的花，不晓得能冒出多么繁茂的枝叶。

通过相遇，带给对方喜悦的行为绝对不是终点，而是产生新连结的起点，得以培育崭新的人际关系。当然，我不会等着别人回馈什么，但通过结缘这件事，能让我更加了解自己，发展出新的人际关系，与人共度愉快的时光，甚至创造更多认识新朋友的机会。对我来说，每天拓展新的人际关系是一件非常美好的事。

规定自己每天做一件没做过的事，就算不是什么大事也无所谓，好比改变前往车站的路线，或是拜访从未去过的店家，只要不造成别人的困扰就行了。即便是一成不变的工作，若能稍微改变做法，便能找到新乐趣。当然，生活规律是最基本的要求，只要在规律生活中稍微花点心思、做些改变就行了。也许借由这样的改变就能够让你过得更好，打破一成不变的自己。

这么做真的最好吗？是否还有其他问题呢？这是一种对于常识提出质疑的最佳训练。

虽然这也是一种打破原则的方法，但只要想成是如何让原则变得更好的挑战就行了。对我来说，即便可能失败也是非常好的训练方式。花点心思，尝试一件从未做过的事，一定能让生活多点乐趣。

14

养成携带纸笔，随手记录灵感的习惯

每天思考、烦恼各种事，其实是很重要的。尤其是25岁左右的年轻人，还有许多不明白的事，所以烦恼不见得不好。因为越烦恼，越能提醒自己去留意各种事，甚至激荡出灵感。

试着思考及烦恼各种事、各种可能，或是想想为何这件事让自己开心，那件事为何让自己悲伤。25岁的我，已经养成随手记录重要事情或灵感的习惯，也就是做笔记。脑中浮现的想法或灵感往往稍纵即逝，想记都记不住，为了之后还能审视、思考，最好随时写下来。

我经常检视自己随手记下的东西，也从中获得许多启发。因此，即便走在路上和别人闲聊，我也会随身带着笔记本和笔，以便记下灵感。

现在人手一个智能型手机，随时都能记录或拍照，非常便利。其实，用智能型手机记录和用纸笔记录是一样的，不只是想法或灵感，随手记录情感或新发现也是一件美事。

随手拍下的照片越多，不但能回顾生活的点点滴滴，还能重新认识自我。此外，图像比文字感觉更真实，对你一定有莫大帮助。不可否认，拍照也是一种记录方式，优点是比文字更简便、真实。

养成随身携带纸笔的习惯并不是一件容易的事，但只要习惯之后，就会发现自己原来是那么有趣的人，进而认识意想不到的自己。

我会开始随手写下笔记，也是出于烦恼。尤其是25岁时，很容易因无法解决烦恼而不知所措，或是遇到各种不合情理的事，当我因此而闷闷不乐时，就会通过写笔记来纾解情绪。

当烦恼和复杂的情感逐渐纾解，无法进入自己的脑中，正因脑中排除了这些情感，洞悉事物的直觉力才变得更加敏锐。换句话说，随手笔记就像是在脑中加装一个硬盘，只是它不是用来整理，而是用来排除。

随手笔记是一种即兴行为，不必写成文章，用几句话、几个字简单表示就行了。对我来说，这是摆脱痛苦的方法。不知不觉间，我发现这个习惯不但能磨炼工作和生活，还能带来改变的契机。

唯一要注意的是，切勿随手记下连自己都看不懂的内容。有时仓促写下的笔记过了一段时间后，连自己都看不懂到底写了些什么，所以至少要保证自己日后看得懂才行。

15

成为别人心中的“不二人选”

年轻时的我不擅长与人沟通。25 岁的我，更是以自我为中心，凡事只想到自己。这样的我既傲慢，又没有能力，内心充满“只能等待”这般无处宣泄的怒气与焦虑。

那时的我觉得自己满怀理想，问题是，我非常不擅长与人沟通，却还是受到不少前辈的照顾。当然也常被劝说：“你若老是这样的话，永远也无法改善人际关系，劝你还是改改个性吧！”

其实，即使知道再这样下去是不行的，但还是改不了，所以身边结交的都是比自己年长的朋友。后来，十几岁的我远渡重洋去了美国，果然被同龄人嫌弃，一回神，才发现自己连半个朋友都没有，才认真思考什么是沟通，以及沟通时应有的态度。

有人曾告诉我："沟通就像投接球，你不能一味地投球，也要学会接住别人投来的球。"一直不晓得如何与人沟通的我顿时开窍："原来如此，就像玩投接球啊！"也才了解什么是沟通。

只要将球以容易让对方接到的速度投出，对方也会回以能够让你顺利接住的球。换句话说，就是要有一颗体贴他人的心。这番道理让我尝到与人沟通的乐趣，在愉快的互动过程中，拉近彼此的距离，在别人心中留下深刻的印象。

在沟通过程中，最重要的是能够带给对方多少感动，只要自己真心感动，对方也能感受到真正的喜悦，绝对不仅止于传达事情、说出自己想说的话而已。

懂得如何投接球，才懂得经营人际关系，成为别人想再见面的对象，进而拉近彼此的距离。想想，以前的我满脑子只想着自己的事，一味埋怨别人不了解自己，老是凭喜好随意投球，却不接住别人投来的球。

有些人看似不起眼，却能让人不时想起他，这就是擅于玩投接球的高手。譬如，想找人一起吃饭、想找人一起去玩，或是想找人合作新项目，要是能成为别人心中的“不二人选”，会是多么令人开心的事。

就算你年纪尚轻，只要肯用心，一定能成为他人心中的首选。

16

赞美与道谢不是随口说说，而要出于真心

发自内心地说一句“谢谢”“好棒哦”，都能让你拓展人际关系。

年轻时的我便发现，道谢与赞美的话语一定要具体才行。也就是说，光一句“谢谢”是不够的，一定要清楚传达感谢对方的理由。

如果常去的超市，收银人员态度十分亲切有礼，不妨对他说：“你真的很亲切，谢谢。”像这样清楚传达感谢的理由，真的很重要。

赞美别人时也是，一定要具体说明哪里好、哪里值得赞美，不能光说一句：“好棒哦！”而是具体点出对方今天的发型、穿着打扮很好看，或是应对非常得体之类的，表达得越清楚，对方一定会越开心。

总是随口说一句：“好棒哦！”“好帅哦！”对方说不定会怀疑你是不是有什么企图，怀疑你的真诚。为什么呢？因为你没有具体说明赞美对方的理由。

然而，人心在某方面还是很单纯的，就算多少有些怀疑，听到赞美，还是会很开心对方注意到自己的存在。由此可见，具体传达道谢或赞美的言词，能够瞬间拉近彼此的距离。我 25 岁时明白的道理，直到现在 47 岁了，仍然非常受用。

无论是夸赞下属，或是向工作伙伴致谢时，都应尽可能具体地描述自己赞赏或感谢的心意。

像我会送些点心给合作对象，聊表谢意，或是买些好吃的东西请工作伙伴享用。当听到对方说“谢谢你请我们吃‘这么好吃’的点心”时，我就会兴起下次再买些什么请大家吃的念头。因此，单单一句“谢谢”是不够的，只有当我们感受到对方的善意时，才会想再为对方做些什么。

以我常做的美食采访工作为例，当店家端上精心准备的菜肴时，我绝对不会只说声“谢谢”，一定会诚心地向对方道谢，并具体说明料理的摆盘或味道是多么令我惊艳。我想，店家不但会开心地接受赞美，也会想要“努力做出更美味的菜肴”。

这绝对不是耍心机。我只是认为，光说句“谢谢”并不足以表达心意。

17

思考不想做的事，
从中找到自我核心价值

25岁时，最常被问：“你的梦想是什么？有什么想做的事？”或许你也常常这么问自己，却仍答不出个所以然，我也是。

虽然现在被问到同样的问题应该回答得了，但还是没有勇气大声说出口。我认为，“想做什么”这件事，恐怕是一辈子的课题。

25岁的我，一直烦恼着该如何回答这问题。当时的我，满脑子想的不是自己想做的事，而是不想做的事，非常不可思议。

这跟想偷懒、不想听别人说教、不想被别人命令的感觉不同，这并非出于任性的意见，而是经过认真的思考。于是，我脑中浮现了几个答案，像是“不想被说谎成性的人欺骗”，毕竟自己不想做的事，也不希望别人加诸于己，这就是“己所不欲，勿施于人”的道理。

这么一想才发现，原来能让别人开心的事，就是自己也会感到开心的事。那么，我会对什么事感到开心呢？绕了一大圈之后，终于有了答案，那就是找到自己的“核心价值”。

我花了许多时间，探究能让自己感到开心的事，那就是:“正直、亲切、笑容、真诚有礼”这般核心价值。找到自己的核心价值后，便能展现出魄力，发挥犹如职业棒球投手般的球威。当然,也不是随便做什么都行。然而，只要找到自己的核心价值，不论做的是多么琐碎的工作，都不会感到茫然。

就各层面的意义来说，核心价值能够让你表现出最纯粹的自己。无论是待人接物，或是完成一件工作，都必须亲手整理出一个成果交给对方。而我的“方法”，就是“正直、亲切、笑容、今天也要用心过生活”，所以最后的成果便与他人的有所不同。

对25岁的年轻人来说，埋头思考自己如何面对人生，并不是件容易的事。然而，透过思索自己不想做的事、让自己开心的事，一定能找到像是自我理念的事物。唯有用心投出每一球，才能显现其与随便出手之间的差异，也才能展现球威。

我也是花了不少时间才悟出这番道理的，虽然25岁时的我没有马上联想到答案，但在漫漫的人生历练中，我总算有一种去芜存菁、逐渐明朗的感觉。

25岁的我所领悟到的，足以让我找到自己的核心价值，而且直到现在，它都是我最强大的心灵伙伴。

18

结交能一起探索各种问题的朋友

无论是工作或生活，我们每天都必须面对许多问题，所以难免会有那种看在别人眼中，只觉得非常愚蠢的“想法”。

这些让你在意的“想法”一旦搁着不管，就会像泡沫般迅速消失，但如同前面提到的，不妨趁它消失之前顺手记下。毕竟，再怎么琐碎的事，依用法不同也可能被琢磨成钻石。因为这么做，就代表你想面对自己无法独力解决的问题。

唯有记下来，才有机会告诉别人，向人请教，也许还能得到善意的响应：“我也想过这问题”“好啊！你说来听听”。

换言之，这些让你和别人共同在意的“想法”究竟会无疾而终地消失，还是会被琢磨成钻石，或是成了三两下便轻松解决的问题？无论哪一种结果，都可能朝好的方向发展，不是吗？

更重要的是，你拥有能将名为“想法”的球轻松传递的对象。对 25 岁的你来说，这样的朋友尤其重要。如果没有的话，那就努力去寻找吧。虽然通过社交网站认识也是一种方法，但还是尽量结交能够面对面交流的朋友较好。

想象你和队友在打篮球，当你拿到球时，队友要你传球给他，于是你把球传给他，然后他又回传给你，就这样一起朝着对方的篮框挺进。

创意也是如此，随着传递的次数增加，小小的想法可能会变成了不起的创意。当然，想法经过多次传递后也可能遭到抹煞，即便如此也无所谓，至少证明了这想法原本就不怎么样。

当你手上拿着一颗名为“想法”的球时，看到身旁的朋友，举手示意你把球传给他——而你需要的，就是这样的朋友。

不过，也有完全相反的情况。假设持球的是朋友，你示意对方把球传给你，那么，对朋友来说你就是一个帮助他解惑的存在。

试着寻找和你无话不谈、愿意陪你一起思索问题，怀着真挚的心将球传给你的朋友吧。然后你再回传给他。这时，具体传达自己的意见非常重要，传达得越具体，对方就越开心。

原本只是一颗称作“想法”的小璞石，经过几番传递后，总有一天，定能琢磨成璀璨生辉的钻石。

19

礼貌周到是保护自己的铠甲

25 岁的我，结交的多是比自己年长的朋友，所以我比同龄的人稍微世故些。虽然仍是毛头小子却常被长辈训诫，但那时学到的各种事物与道理，成了我现在最大的助力。其中之一就是“措辞”。

当然，我不会目无尊长，说些失礼的话，不过，仍经常被提醒说话口吻要谦逊、留意措辞等。记得有位长辈曾告诫我：“记住哦！说话得体就是贴心的表现。”我一直铭记在心。可见重要的不是措辞，而是体贴的心。

措辞正确又得体，就是有礼的表现。25 岁的你多半是职场新人，还没有什么出色的工作表现，但只要应对得体、礼貌周到，就能得到相当高的评价。记得年轻时，前辈常提醒我：“礼貌周到是保护自己的铠甲。”

这番话让我牢牢谨记“只要礼貌周到，便能保护自己”。

当然也会有疏忽的时候，让我最在意的就是“不好意思”这字眼。“不好意思”适用于诸多情况，也是非常方便的招呼用语，但25岁时的我决定尽量不说。

例如，当别人对我说：“松浦君，这个很好吃，你尝尝看！”我总会回一句“不好意思”。因为有段时期，周遭都是比自己年长的前辈，所以嘴边习惯挂着“不好意思”，以为这样才能表达自己领受他人好意时，诚惶诚恐的心情。直到有天被毫不客气地批评：“你到底一天要说几次不好意思啊？”让我受到强烈的冲击，之后就戒掉这个口头禅了。

虽然戒掉口头禅并不容易，但我决定用“谢谢”来代替“不好意思”。当别人对我说：“尝尝这个吧！”我不但接受对方的心意，还会说声“谢谢”，予人的感觉截然不同。其他像是“诚惶诚恐”“遵命”等过分客气的字眼，也尽量不用。虽然“不好意思”能够展现自己谦逊的一面，但并非适用于任何情形，有时候，过分谦虚反而会让人心生不快。而说声“谢谢”，则能一改他人对你的印象，25 岁的你更是要谨记这一点。因此，当服务人员送上咖啡时，我不会对他们说“不好意思”，而是向他们道谢。向别人道歉时，则是说“对不起”或“抱歉”之类的。

另外，我还要求自己一件事，就是不要将流行语挂在嘴边，像是“然并卵”“颜值”“约吗”之类的流行语，我不想说，也不会说。光是不将流行语挂在嘴边，就能给人迥然不同的印象。

还有一件也是我年轻时学到的事，那就是“总之”这字眼也请尽量避免，改用“首先”这字眼比较恰当。相较于“总之”，“首先”听起来积极多了。由此可见，说话得体真的是贴心的表现。

我是那种绝对会遵守约定的人。

我常问工作伙伴：“什么是约定？你觉得约定是什么？”我想，比起必须遵守的意义，约定更像是让人喜悦的东西。

20

越是微不足道的约定，越要遵守

这么说来，约定就是有一种非得做什么、类似尽义务的心情。我觉得，再也没有比遵守约定更美好的事了。

信用来自于每一个约定的累积，“越是微不足道的约定，越要遵守”这个认知非常重要。换言之，遵守约定，就是一次最小的成功经验。

二十几岁的我，总觉得和别人订下约定是一件很幸福的事，因为对于那时的我来说，要是没有可以约定的对象，根本成就不了什么事，所以当自己“又订下一个约定”时，真的很开心。毕竟有人愿意跟我订下约定，简直是“谢天谢地”之事。对我来说，遵守约定就是一个机会，所以我常常思索如何能让对方开心。

我希望大家明白一件事，每个约定都代表一个信用，任谁都不愿意和不守信用的人约定什么，对吧？若能遵守约定，就能提升信用度，并不断地累积信用，进而成就大约定。所以一定要提醒自己，再微小的约定也要遵守。

像是“下次一起吃饭”“下次一起去喝点东西”等，常被人挂在嘴边的这些话，往往只是说说而已的社交辞令，但我却不这么认为。我是那种一旦说出口，即便需要花点时间，也会设法遵守承诺的人。

大部分的人都会被我吓一跳，却也很开心地说：“没想到松浦先生还记得呢！我都忘了这件事。”我也会回道：“当然啦！我们不是约好了吗？”我认为，再怎么渺小的口头约定都要努力遵守。

我想，就算我没履行承诺，绝大部分的人也不会觉得“松浦先生怎么没有遵守承诺啊”。但基本上，要是我没有秉持这般原则，就会觉得自己的信用储金变少。

当然，我并不是要求对方回报什么，只是单纯认为，这么做能够让对方牢记彼此的约定，同时也是维系良好人际关系的一大要点。

越是微小的约定，越要确实履行，而且不宜过分张扬。对方也许会因为你记得连他自己都忘记的小事而开心不已。明白这一点，更能感受到遵守微小约定，是多么令人开心的事。

21

争斗并不能让你真的开心

我认为人与社会之间也存在着“沟通”这个投接球。你是否想过，要是自己能改变，社会与周遭就会变好了呢?

基本上，周遭与社会是不会改变的，但你却可以改变自己。因此，若想改变一切，就必须先从改变自己做起。或许是从头开始的浩大工程，但总有一天一定能改变的。

所谓的改变，就是指投接球的方法。首先，你要试着思考，自己应该投出什么样的球?投出什么样的球能让对方开心?才能帮助对方?

基本上，我不喜欢与人争斗，因为争斗也得不到什么，即便争赢了，也不会感到开心。当然，在至今为止的人生路上，我还是有和别人争斗的经验。

在突显自我想法的同时，往往会将矛头指向某件事、某个观点，这种态度很容易引发争端。

想努力让别人理解，就是一场永无止尽的付出。问题是，若希望他人能百分之百理解你的想法也很奇怪，不是吗？对我来说，重要的是努力让别人理解、进而接受的这段过程。

能够完成一件大事，是多么开心、幸福的事；但如果只是为了肯定什么，而去选择否定什么，虽然可以轻易地得到答案，却省略了努力的过程。对我而言，一点也不觉得欣喜。

我对任何事都奉行“PLUS MINUS ZERO（正负零）”这个哲理，我认为，如何说服自己才是最重要的事。

记得父亲曾对我说：“虽然你做的杂志得到不错的评价，但不要忘记，如果有一百个人称赞你，也会有一百个人讨厌你。”意思是，一旦起了什么作用，势必也会引起反作用。

虽说用“敌人与伙伴”这个字眼来形容似乎有点夸张，但一定有人和你的看法不同，持反对意见。而且最好要谨记，他们对你的批评几乎都是正确的。

相反的，你认为是伙伴的人意见几乎都不正确。这是为什么呢？因为敌人会从你意想不到的角度具体地分析你的看法，所谓“忠言逆耳”就是这个道理。

好比有人在网络上写批评我的文章：“我很讨厌松浦先生的这一点。”这类指责几乎百分之百都是正确的。虽然我不会刻意去找什么批评自己的文章，但若看到的话，便会觉得：“没错！这番批评是对的。”我一定会抱持着感谢且虚心接受。

但毕竟我也是人，也会有沮丧、难过的时候，我会努力告诉自己——有批评我的人，就会有肯定我的人。况且，要是这世上没有人关注你，也没有人在乎你，岂不是更寂寞吗？

这就是我奉为人生圭臬的“PLUS MINUS ZERO”。

对我来说，不管是正面的肯定或是负面的批评，都是至为重要的珍宝。

22

别让“异性关系”成为工作的绊脚石

任职于《生活手帖》的我，也以作家身份在出版业发展。其实，不论是哪个行业皆然，有一直都很努力的人，也有不把工作当一回事的家伙。这和公司里有人可以往上爬，有人却只能原地踏步的道理是一样的。

某次，有人问我："您一直以来都能以自由作家身份活跃于业界，究竟有何秘诀呢？"当然，这与个人努力、意志与行动有关，但那时我忽然想到一个有趣的答案。我回答："可能是因为我没有什么复杂的异性关系吧！"

不光是出版业或媒体界，无论哪个行业都需要与人往来，免不了要应酬。像我因为工作关系，就有不少认识、结交异性朋友的机会，但根据我的经验，轻易与往来的异性发展出工作以外关系的人，下场都不是太好，甚至还会被迫放弃工作。

因此，一定要特别留意异性关系。虽然这种事不用说也明白，但因为实在很重要，所以我一定要让25岁的你明白这一点。

我年轻时也有许多认识异性的机会，虽然心里难免冲动，但都会提醒自己一定要把持住。当我以自由作家身份为杂志撰稿时，接触的多半是女性编辑，想进一步发展也不无可能，况且多是女方主动邀约吃饭、喝酒。

虽然不能说我有什么道德洁癖，但我对复杂的异性关系绝对敬谢不敏，因此，我在这方面的自我规范可说是能长久从事这份工作的诀窍之一。反观周遭那些异性关系复杂的摄影师、造型师、写手和作家，果然工作都无法长久发展。

在美国，如果接受对方共进晚餐的邀约，表示对对方有好感。若是没有的话，一般都是提议“一起吃午餐”，即使委婉拒绝也不会破坏彼此的关系。

所谓无风不起浪，大家都喜欢八卦。无论是哪个行业，一旦没有处理好异性关系，就算工作晋升到某个程度，也无法继续发展下去，因为你的所作所为都会被用放大镜检视。

这么一来，异性关系复杂的人一定会尝到挫败。像那种乍看之下对异性很有一套，其实个性很认真的人，反而格外能让人留下好印象，这点男女皆然。

总而言之，面对职场上的异性关系一定要自我规范。就好像每个人都有机会当上部长，但异性关系一旦没有理清，就会成为仕途上最大的绊脚石。

令人意外的是，很多人都觉得这没什么大不了，但现实绝非如此，异性关系其实是莫大的陷阱。

我不喜欢成为别人茶余饭后的话题，也很讨厌别人戴着有色眼镜看我。也许暗地里乱搞不会被发现，但既然身在职场，就应该公私分明，这是召唤幸运与机会的要点，也是攸关成败的关键。

特别是年轻时的诱惑众多，无论从事哪一行，都不能将诱惑误解成机会。

23

适时去一下“洗手间”，缓解紧绷的情绪

在职场上，难免得面对重要的协商、交涉等气氛较紧绷的场合。过了40岁也许早已见怪不怪，但对刚踏入职场的年轻人来说，这可是一大考验。

每当会议气氛紧张时，我都会借故去上洗手间。“不好意思，我去一下洗手间。”光是暂时离席这个举动，就能让双方稍微放松一下。

不可思议的是，每次前往洗手间的途中，我的脑中就会浮现出各种想法，像是待会儿要怎么说，或是换个方式协商比较好，等等。

公司内部会议时也一样，当遇到关于预算和经费等较敏感的问题时，气氛也会变得紧绷。虽然有人选择针对问题继续协商，但此时我通常会起身上洗手间。

上洗手间是正常的生理现象，应该不会有人阻拦才是。因此，每当陷入僵局或一触即发的局面时，我建议各位，起身上洗手间就对了。不但能理所当然地暂时离席，还能让脑子清醒一下，重新思考该怎么做才好。

许多资深采访者，都会提到采访时的一个要点，就是“访谈时，最好提醒自己适时去一下洗手间”。因为当采访者努力提问时，被访对象也会认真回答，双方往往很容易陷入疲乏的状态。

此时，不妨上洗手间，让脑子清醒一下，再回来继续工作。重要的是让自己放松，从不同的观点思考事情，才能改变事情发展的状况。

在这个时候你最需要做的就是放松，才能发挥实力。二十几岁的你，也许性情比较冲动，容易说错话；或是在简报前，因为过于紧张，无法充分表达自己的想法，所以更该善用“洗手间”策略。

就算不是真的想上也没关系，不管是洗手或洗脸都好。通过洗手这动作，也可以释放紧绷的情绪、安定心神。而且洗手还有转换心情、重整心绪的效用。

你的首要目的，是暂时从僵持不下的气氛中抽身。

即便是会议室外头或楼梯间都好，只要能让自己稍稍冷静脑子就行了。若想独处片刻，重新思考对策的话，洗手间仍是最佳的选择。记得，做三次腹式呼吸之后，再回去开会。

24

不要单凭外表评断一个人

无论何时、何地都在寻找优秀人才的人，若不是负责掌管人事的高层主管，就是具有社会地位、拥有一定影响力的人。看起来有钱有势的人，八成是哪家公司的老板，或是什么了不起的人物。

不过别忘了，有些人虽然看起来不怎么样，实际上却是不容忽视的成功人士。

真正有实力的人并不会穿戴名牌，看起来与一般人无异，根本感觉不出他的特别之处。所以千万不要单凭外表来评断一个人，也不要成为别人眼中喜欢攀附权贵却并非真心对待他人的家伙。

我认识的成功与富贵之人，其实都是那种名不见经传的人物。为什么呢？因为真正有钱的人非常低调，不会炫富，他们不开进口车，出门多以出租车代步。

也就是说，他们只会将钱花在能享受到 VIP 服务的地方，这才是真正有钱人的作风。

为了工作所需或交际应酬，有钱人也会上银座的高级酒店消费，尤其在那种地方，看起来不像是有钱人的人，往往才是真正的有钱人。毕竟常去高级酒店消费容易暴露身份，所以他们的穿着打扮一向十分低调，甚至连名表都不会戴。

而且真正的有钱人往往具有敏锐的观察力，以及识人的眼光。他们在寻找优秀人才的同时，也会发现自己的可能性。

我觉得这一点真的很棒。想想,这也是理所当然的，因为在提醒自己“留意优秀人才”时，也能为自己开拓更多机会。

寻找优秀人才这件事，也是我现在的工作之一，所以不论是走在街上或是搭乘电车时，我随时随地都在留意。例如，若眼前有个空位，你是一屁股坐下去，还是在意周遭目光，默默地坐下去呢？假如是后者，我的解读是："这个人绝对能做事，而且懂得体谅别人"，所以我对这种人特别感兴趣。一旦产生兴趣，就是连结新机会的开始，像是订立新策划案，或是开店需要招募人才时，最先想到的就是那些被我列入口袋名单的人。

再回到"外表"这点，我自己也有一套装扮哲学，那绝对不是跟随流行，而是讲求得体的美感。我认为，包含发型在内，整体穿着打扮给人干净、合宜又自然的印象，才是最佳的外在表现。

25

打造自己专属的发声平台

如果我现在25岁的话，一定要打造自己专属的发声平台，无论是博客、推特还是脸书，只要能对外发声就行了。建立一个能针对不认识的人，或是不特定的多数人发送信息的平台，是一件非常重要的事。

而且一定要具名、露脸，否则根本没人晓得你的存在，只是做白工罢了。或许有些人不想具名和露脸，是因为担心引起什么麻烦。但麻烦也是一种经验，只要提醒自己别再重蹈覆辙就行了。具名虽然要负责，却也是促使自我成长的一大要因。所以选择不具名，真的很可惜。

我年轻时还没有互联网，但我一直都很想有个专属的发声平台，倒不是为了成名，而是想要更了解自己。

第一次将这念头付诸行动，是参加在代代木公园举办的跳蚤市场。现在每逢周日还是有跳蚤市场。记得当时我每次摆摊，卖的都是在美国搜购的二手书、国外杂志的彩图，还有自己的二手衣等等。

跳蚤市场总是吸引不少人共襄盛举，有来挖宝的买家，也有卖些破烂物品的卖家，而我的摊位始终是最醒目的一个，因为我的目的便是打造“专属于自己的发声平台”。

每次摆摊时，我都会努力思索这次要如何陈列，下次要搜集什么样的物品。有趣的是，摆摊结识的伙伴还会特地跑来找我，本来就很喜欢搜集东西的他总会问我:“今天带什么来卖啊？”然后抢先买走最好的东西。久而久之，与摆摊伙伴之间的交流，成了我的第一次策划活动，再来才是与一般客人交易的第二次策划活动。我很享受这种面对面的往来方式，也舍不得错过每一次的摆摊机会。

跳蚤市场对我来说，就像现在所说的“平台”，也就是媒体。你永远不晓得机会何时到来，有时还会有意想不到的名人偷偷来逛跳蚤市场。正因为不晓得什么时候、什么人会来光顾我的摊子，所以我每次都很愉快地准备摆摊事宜。我的摊子主要是卖二手书，只要抱着希望与别人分享感动的心意，哪怕只是和客人聊聊天，都是非常美好的经验。

知名博主及女摄影师的Rei Shito就是我很佩服的一号人物。她从大学时代开始，便以真名经营名为“时尚快照（おしゃれスナップ）”的博客，以她的优雅品位和幽默观点，跟大家分享各种事。现在她不仅在杂志上连载文章，还主持广播节目呢。

虽然随着时代潮流的改变，如何表现自我、如何发声的方法也各异其趣，但就算是个平凡的上班族，还是要有自己专属的发声平台，如此才有机会邂逅各式各样的人，与他人分享内心的感动，发展出崭新的人际关系。

26

不要轻视 5% 的获利

25岁时的我，因为光靠理想无法生活，所以晚上还兼了时薪800日元的差，就算熬夜工作，月收入也只有15万～16万日元。周末则是去代代木公园的跳蚤市场摆摊，多少累积了一些每周都很期待我会带来什么好货，还没开始就在摊前等待的熟客。

因此，我从不觉得自己是一小时只赚800日元的打工族，而是“自营业者”。说得酷一点，就是创业。虽然当时的我并没有这种念头，但我很希望现在的年轻人也能挑战这股“创业精神”。

若想自行创业的话，我建议起码先准备10万日元的创业资金。以前我摆摊贩售二手货时，是以达到5%的盈利为目标，假设投入10万日元的话，就是盈收

5000日元。目标不是2倍或1.5倍，也不是1成，而是5%。

这目标看似简单，其实要从10万日元增加到10.5万日元，并不是一件容易的事；反而是一口气从10万日元提升到20万日元，这种“一次定胜负”的做法简单多了。只是风险较高，也不持久，就算赢了一时，也无法保证能够持续下去。

所以我的作法是将10万日元变成10.5万日元，再设法以10.5万日元为底，增加5%，再增加5%……只要累积获利15次，便能达到获利20万日元的目标，逐渐增加手边的资金。

以自己喜好的对象为商品，着手策划如何销售，我认为是非常有助于将来创业的一项训练。如果你喜欢洋装，就投入10万日元作为采购资金，然后通过网拍之类的渠道贩卖，或是参加跳蚤市场也行。

其实，在跳蚤市场能学到不少东西，有人成功，也有人失败，有时候还会遇到名人。但对我来说，在跳蚤市场“创业”这段经历的最大收获，就是无法预测的“化学反应”，但这也造就出加速前进的我。

所谓“化学反应”，就是自己不主动便无法开始的事，也就是机会。联结下一个机会的第一步小成功非常重要，无论是大成功或小成功，只要开始做出一点成绩，便能吸引周遭注意。唯有做出一番成绩才能建立信用，机会也就随之而来。

我就是这样勉励自己，一步步走过来的，在此我要送给25岁的你一句话:“累积一个个小成功。”造就小成功的大前提，莫过于努力让“创业”这件事持续下去。

27

小胜美学

我绝对不鼓励赌博，自己也不碰。但年轻时，有一位很照顾我的赌博高手友人曾对我说：“赌博这玩意儿，有所谓的‘1137 原理’。”顿时让我有种恍然大悟之感。

我来说明一下这个理论吧。一开始赌的是 1000 日元，若赌输的话，就再赌 1000 日元，若是又输的话，为了赌赢，就不能只赌 1000 日元了。也就是说，因为已经赔掉 2000 日元，所以这次必须赌上 3000 日元。若是赌赢的话，只凭一次就能赢 1000 日元，到此是“113”。

万一赌上 3000 日元还是输的话，接下来该如何呢？

根据“1137 原理”，接下来就是赌上 7000 日元，而且从是否愿意赌上 7000 日元，便能看出高手与普通人的差异。若是赢的话，就算三连败赔了 5000 日元，只要赢一次，就能倒赚 2000 日元，所以“1137 原理”

是赌博界奉行的规则。此外，若赔率是一半一半，就算连输三次，第四次赢的概率也很高。

记得我在代代木公园的跳蚤市场摆摊时，有那种以“大赚＝全部卖出”为目标的同行。但有人大赚的同时，一定也有人大赔，无论你是卖二手书还是卖二手衣，面对的都是顾客。毕竟贩卖的物品不可能完全满足顾客的要求，所以只要有一半的商品能迎合顾客口味就很不错了。

但问题是，这样是做不了生意的，因此，为了让生意能够持续，保持 6:4 是最理想的情况，就算小赔，也还在可以承受的范围内。

这个原理也适用于工作、人际关系以及日常生活。正因为不可能所有事情都依照我们所预设的进行，所以若想实现自己的愿望，就必须先懂得服输、谦让，我认为这也是待人处世的道理。

当你有求于人时，不妨活用“1137 原理”，也就是一开始至少三次，先谦虚地听闻对方的看法，人际关系就是这样构筑起来的，绝对不是什么狡猾的手段。

商场交易亦然。若你希望对方能买走获利率较高的商品，就要刻意多算几次便宜，借以取得对方的信赖，让对方觉得向你买东西有赚到的感觉。反复几次之后，对方就会向你购买比较高价的物品。

“1137 原理”也教给我们一个人生哲学，那就是为了连续获胜，必须强迫自己做某些事、某些决定，虽然它们不见得全都是好事。但相反的，就算努力奋战后失败了，也会成就“失败的美学”，赢得他人的赞赏，自己的价值观也会随之改变，不再那么计较胜负。当然，不是叫你故意失败，好运也需要努力争取，但就是不要过于计算得失。为了不被致命的伤害击倒，平常就要学着接受无伤大雅的失败，这是年轻时很难体悟的道理。

资深相扑力士就是最好的例子。他们每一次上场比赛都是认真以对，绝对不会因为对方挑衅而做出逾越的行为。因为他们明白，唯有如此，才能以专业之姿持续努力下去。

相扑界也有所谓 8 胜 7 败的“小胜美学”，这可说是驱使自己坚持下去的动力。

28

学会独立

无论面对任何事，保有独立性是很重要的。

年轻时比较会在意周遭的反应，这算是一种同侪意识吧。譬如，“大家一起做某件事”“大家一起去某个地方”，很容易在别人的一声吆喝下跟着行动。然而，“大家一起做什么”的集体意识，其实是极度不自由的，希望大家能明白这一点。

基本上，这种意识只会妨碍、限制你的思想与意念。我认为，当自己想要做什么或是面对什么挑战时，并不需要任何人的帮助。为什么呢？唯有独自行动、独立思考，才能真正学到东西，确实感受到什么。

所谓独自行动，并非不与他人来往，毕竟职场讲求的是团队合作，就算是个人提出的策划案，也需要他人协助才能顺利完成，所以这种情形另当别论。

但我从来没有想和别人一起做些什么的念头，二十几岁时的我就有强烈的独立意识，不喜欢成为别人口中的“那一伙人”，也不想被别人归类为“某个派别”。

人们渴求团体的归属感，但我并不会这么做，因为我觉得什么事都和别人牵扯在一起，绝对是百害而无一利。

特别是年轻时容易受同侪诱惑，我当然也被诱惑过，但当我亲身尝试后，发现和别人一起做些什么，其实是很无趣的事。像是和别人一起去看画展，我明明想花两三个钟头好好看展，但和别人一起时就没办法待这么久，到头来也只能埋怨自己到底在干什么呢？

我认为，和别人一起做些什么，并没有值得深刻玩味的意义，所以我不论做什么都是独自行动。大家常将一起去看电影、一起去买东西、一起去做什么之类的事挂在嘴边，我实在无法理解这种感觉。因为这种行为毫无失败、成功可言，不是吗？

我从不觉得和别人腻在一起，能够理解到什么、学习到什么，也不认为是因为自己不够成熟而无法有所获得，因为许多重要机会都是突然降临的。

当然不可能二十四小时都腻在一起，然而，一旦发生什么事时，还是会心生“要是有人陪在身旁就好了”的感慨，对吧?

我想告诉25岁的年轻人，之所以会这么想，就是因为你什么事都做不好。为什么呢?因为你没有能力，以为和别人一起就能够做些什么，其实这根本只是幻想。

我们生来就是一个人，孤独是生存的最基本条件。正因为能够接受孤独，了解自己，才能理解别人、体贴别人、建立友情，也才能发展出丰富的人际关系。

这和“打造自己专属的发声平台”是一样的，拥有展现自我的场地，才能做自己想做的事，表达自己的想法。

如此一来，情报与人脉就会自动汇聚，这也是必须靠自己的力量才能做到的事。一个人发声与集体发声所展现出来的向心力是截然不同的。

为了传播向心力的种子，就必须靠自己的力量，从累积小成功、小成果开始做起。

29

厚脸皮也是一种积极的表现

如果看到朋友和认识的人走在马路另一边，你会有什么样的反应？我会毫不犹豫地大声向对方打招呼。

17 岁就去了美国的我，学会了“厚脸皮”。其实就某种意义而言，厚脸皮并不是什么坏事，沉默反而会被视为危险人物，让别人起戒心。所以主动打招呼是很重要的。

主动打招呼，不但能告诉别人自己不是什么危险人物，还能将自己的想法传达给对方，让对方觉得安心。对于不清楚欧美生活习惯的我来说，简直是再新鲜不过的体验了。

在日本，周遭的人要是见到你沉默不语，一定会问：“你还好吧？”“你不是有什么话想说吗？”就算你什么都不说，别人也会揣测你的心思。但在美国就不是这么一回事了。一旦你选择沉默，对方不但不会在意，还会漠视你的存在。

所以若想做些什么，一定要学着厚脸皮一点，让对方感受到你的积极，才能得到别人的认可。若不够积极，不仅会失去对事情的主导权，也无法展现自己。

不过，若在日本表现得太积极，只怕会惹人嫌。当然，像那种无视周遭反应，厚脸皮到令人皱眉的程度着实不可取，但稍微表达自己的意见，试着往前踏出一步的积极性还是必要的。因此，我希望现在25岁的你能学着厚脸皮一点，变得积极些。

就某方面而言，厚脸皮也是一种积极的表现。好比今天要开会，比别人早一点到，坐在最前面的位子；或是认为自己必须明确表达意见，就算与在场众人为敌，也要厚着脸皮说出来。

决定豁出去的勇气与瞬间爆发力非常重要。

或许会因而心生不安，担心被他人讨厌，我当然也会有这样的顾虑。然而，很多时候就是需要下定决心，不顾一切地往前冲，才能成功。不对，与其说是成功，不如说是认同自己的实力。自我认同也是一种成功体验，正因为切实感受到，才能成为鞭策自己前进的最大动力。

我也曾遇到公司资金周转出问题，险些破产的窘境。那时的我厚着脸皮，四处向亲朋好友拜托，好不容易才筹到1亿日元。我认为，不能因为自己只是受雇于人，就觉得事不关己，当公司面临非常时刻，也要有身为公司一分子的自觉，尽力协助公司渡过难关。

因此，厚脸皮其实也有身为当事者必须积极行事的含义。

30

过分客气反而失礼

我以前不明白这个道理，但现在只要别人请客，我都会点最好的东西。

二十几岁时的我，受到许多前辈的照顾，可说是衣食住不虞匮乏。有位朋友经常请我去某家寿司店，虽然他总是说：“喜欢吃什么尽量点。”但毕竟是对方请客，总觉得不太好意思。直到有一次，他对我说：“当别人请客时，你就应该点最贵最好的东西，这样才不会失礼。”他的这番话让我受到不小冲击。

因为对方很开心地想请我们吃一顿，所以就应该吃得尽兴点，才不会辜负对方的好意。他还教导我，既然对方说要请客，就无须在意对方的钱包。虽然这是一种让对方做足面子的厚脸皮，却也是体贴对方的表现。

我最开心的事，就是请年轻朋友吃饭。难得长辈请吃饭，要是过分客气反而失礼，不但失了用餐的乐趣，也辜负长辈的美意。因此，接受他人款待时，千万不要过分客气，适度的厚脸皮是必要的。

谁说被请的一方就不能点比请客方还贵的菜肴，根本没有这样的礼仪，也别搞错客气与谦虚是两码事。打心底愉悦地享受对方的款待，对方一定也会感受到你的谢意，觉得很满足。

虽然我不会建议别人这么做，但我每次和比自己年轻的人一起吃饭时，一定会掏钱埋单，可能是因为年轻时和长辈一起用餐，付钱的人永远不是我的缘故。当时，无论受邀去哪里用餐，我只管道谢就行了。记得有位长辈曾说："等你成了人家的长辈时，再换你请客就行了。"我一直将这句话谨记在心。

虽然和比自己年轻的人一起吃饭时，大家都很客气，当然也有人表现得落落大方，毫不避讳地大快朵颐。看到他们吃得开心，我也非常高兴；若是过分客气，反而让我觉得有点扫兴。

人与人之间本来就该有来有往，就像每次我去国外朋友家时，他们都会热情地招待我，所以我也不客气地尽情畅游。等他们来日本玩时，我也会竭尽所能，好好地招待他们。

最近，有一位巨人队迷的台湾朋友来日本看比赛，我特地帮他订了名为“Legends Seat（レジェンズ シート）”的特别席，就是解说员桑田先生和筱冢先生观赛解说时坐的位子。虽然纯粹只是为了让朋友开心，但看到坐在旁边的他露出灿烂笑容时，我真的打心底觉得很高兴。其他朋友来日本玩时也是，我也会像他们待我那般，帮忙订饭店，招待他们来家里用餐，努力让对方玩得尽兴。我很喜欢通过这种方式，让喜悦的心情一直延续下去。

31

培养旺盛的求知欲

尤其是刚进公司不久的25岁左右的年轻人，更应该多看书，当作一种自我投资。自我投资不一定要花钱，也可以利用时间做些有意义的事。40岁之后，忙碌程度绝对比25岁时来得高，阅读时间也会相对减少。

我从书籍和电影学到许多事，若问我阅读什么样的书比较好，我会回答：挑你喜欢看的书就对了。若问我推荐什么类型的书，我应该会推荐历史类的书吧。

为什么是历史类的书呢？因为我们可以从中学到许多经验。综观历史，就算追溯到好几百年前，人类的本质还是没什么改变。所以阅读历史能让我们发现，人类总是重复做着相同的事，像是欲望、成功、失败等，这种发现与认知，也会影响我们的人生哲学。

我们或多或少能从历史中找到吸引自己的时代、主题与人生道理。以我来说，我对镰仓时代的僧侣道元十分好奇，对于他将在南宋中国学习到的新知识、新型态的生活方式等，带回日本的传道过程很感兴趣。受到道元的影响，我对中国也很感兴趣，非常喜欢研究中国历史的古老传说。像这样由一个点出发，好奇心也跟着逐渐膨胀。

我在25岁时，突然悟出一个道理。那就是趁自己还活着时，应该多看书、多看电影、多参观艺文展览、多听音乐。抛开个人喜好的偏见，就算要花点时间也是值得的。

有些人终其一生都不晓得人生有那么多有趣的事，实在太可惜了。锁定一个自己感兴趣、想要研究的领域，就能将它变成美好的事物，不是吗？

也就是说，打造一段通过文化接触，磨炼自我感性的时间。像是参观国宝、名胜古迹、名品之类的美丽事物，趁年轻时多方投资自己，贪婪地吸收就对了。

对年轻时的我来说，阅读是消除烦恼的一种方法。我很喜欢阅读植草甚一、司马辽太郎的著作，然后通过植草的著作接触到美国作家杰克·凯鲁亚克的代表作《在路上》，以及亨利·米勒的《北回归线》，都让我读到废寝忘食。

本多胜一先生的报导文学系列也一直是我的爱书之一。中学一、二年级的我第一次接触到他的作品时，顿时有“真实世界就存在于这本书里！书中有好多学校没教的事”这种难以言喻的兴奋感。透过本多先生的著作，让我感受到许多前所未有的冲击，也激发我想要了解更多事物的好奇心。

其他像是看展览、观赏戏剧、歌舞伎、能乐等传统表演艺术，或是听演唱会等，都是一种自我投资。当然也会遇到自己无法理解的事物，但我都会告诉自己不能这样一知半解下去，总有一天要再找机会挑战。

虽然以无聊作为否定的理由是最简单的评价，却也代表你对某件事物的好奇心就此打住，实在非常可惜。

身为社会的一分子，很多事必须先摒除风险，才能参与其中。换句话说，天下没有白吃的午餐，花时间和金钱投资自己就是这样的感觉吧。

风险＝“付出代价，却得不到什么”。基本上，接触文化事物就是一种经验的累积。

32

模仿是塑造自我风格的重要过程

年轻的特权之一就是模仿。无论是装扮、措辞、说话口吻，找个崇拜的前辈，模仿他就对了。

我很容易受别人影响，好比早上遇到自己很欣赏的人，下午就会模仿他做些什么。虽然我也有自己的原则，但明白自己还不够成熟，所以会不断向欣赏的前辈看齐、学习。

最近，我终于有机会认识到一直很崇拜的糸井重里（日本知名作家、广告人、电子游戏创办人），有幸和他会谈后，深受他的影响，整整两三天完全“糸井先生上身”，但狡猾的我只挑糸井先生的优点模仿。

也许有人觉得模仿别人很逊，但“模仿”这字眼本来就是从“学习”这词衍伸而来，可见模仿就是一种学习。我希望年轻的你明白，模仿是一段塑造自我风格的重要过程。

记得25岁时，十分照顾我的某位前辈曾带我去位于表参道的酒吧“Bar Radio”。记得老板尾崎浩司先生曾说：“工作就是学习何谓正确的礼仪与举止。”虽然当时的我不太明白这句话的意思，仍对于虽是许多人打心底尊敬的对象，却始终谦和有礼的尾崎先生憧憬不已。

带我来的长辈只说了一句：“还请多多照顾这孩子。”尾崎先生便对我说：“欢迎你随时过来。”还特地为不太会喝酒的我，调制一杯只加了一点酒的鸡尾酒。坐在吧台一角的我静静观察尾崎先生的待客之道、应对进退等，上了一堂非常宝贵的课。也对尾崎先生的翩翩风采、人品涵养深深着迷，一心想模仿这位让人崇拜的前辈。

尾崎先生的品位非常好，连酒吧里使用的杂货都是店里的原创设计。原子笔设计成尾崎先生偏爱的装饰艺术风格，以银色墨水管搭配硬橡胶材质笔管。尾崎先生见我非常喜欢，某天竟然送我一支，再也没有比获赠Bar Radio的原创设计原子笔更开心的事了。即便如此，我明白自己不能一直耽溺下去，这里不是安身立命之所，便毅然决然地结束这段缘分，飞往美国。

时光流转，二十年过去了。最近，我在一篇名为《自己的宝物（自分の宝物）》文章中提到自己一直珍藏着尾崎先生送我的原子笔。没想到，某天突然收到一封用法国 Lalo 公司出品的蓝色信封写的信，我一看就知道是尾崎先生寄来的。信上写道："谢谢你在书里提到我送你原子笔的事，我也一直拜读你在杂志上连载的文章。"感动万分的我立刻提笔回信，我们就这样通信了一段时间。

我人生中认识的第一位优雅成熟的男性，就是尾崎浩司先生，而且他一直都还记得我，主动写信给我。我觉得他和以前一样风度翩翩，一点都没变，令人崇拜不已。这份憧憬他的心情，成了我每天的活力来源。

33

做好健康管理

对于25岁的我来说，进入公司几年后，最重要的工作就是做好自我健康管理，绝对不让自己感冒。

虽然我常提醒公司同事一定要注重健康管理，但年轻同事每年都会因为感冒请假两三天。虽然感冒发烧、请假看病也是人之常情，但恕我说句不客气的话，好歹已经是成年人，却连最基本的自我健康管理都做不好，不免让人怀疑他们到底过着什么样的生活。

虽然也有传染性强的病毒型感冒，但之所以感冒，就是疏忽自我健康管理的缘故。我是那种努力不让感冒病毒上身的人，平时就非常注重洗手、漱口等卫生习惯。

努力保持全勤的人，在公司肯定备受信赖；相反的，老是在重要时刻缺席或经常因身体出状况而请假的人，信赖度势必大打折扣。尤其是年轻时，一定要将自我健康管理列为首要功课，才能充分展现自己对工作、社会的积极态度。

即使患有慢性病，也应该努力保持健康的一面，所以我对于身体较差的人很可怜这种说法，颇不以为然。此外，我对于周一请病假的人，也是印象很差。就是因为周末假日没有让身体充分休息，周一才会请病假，这暴露了生活散漫的事实。因此，周一请假的人，肯定会被我列入黑名单，现实世界就是这么严苛。正因为年纪轻，还无法担负重要的工作，至少要每天活力十足地上班，一步步累积自己的信赖度。

养成规律的睡眠习惯，是最基本的健康管理，要是连最基本的常识都无法实践，肯定无法做好健康管理。奇怪的是，大家都晓得健康管理的重要，亲身实践的人却不多。我不免想，正因为亲身实践的人不多，意味着竞争对手并未增加，所以我才能依旧如此活跃，虽然这种说法有点毒舌就是了。

我每天一定睡足 7 小时，有些人是 8 小时，甚至有人睡6小时就够了。保持基本睡眠时间，是健康的首要之道。我自从三十几岁时，因为过劳而导致健康亮起红灯后，便养成每天睡足7小时，早上5点起床的习惯。当时的我因为是SOHO族，生活作息不太正常，幸好及早发现自己再这样下去不行，但要是能更早一点察觉就好了。自那之后,我严守每天睡足7小时，晚上10点就寝，有时甚至九点半便上床睡觉。

正因为是SOHO族，若要长久工作下去，生活作息就应该比一般上班族更加规律才行。不过，应该不少人都曾迫于无奈，必须连续熬夜两天工作吧。若平常生活作息很规律的话，便能倒推时间，合理分配每天的工作进程，不但能提升工作效率，也能保持身体健康。

就算再怎么功成名就，一旦健康出状况，就什么都结束了。人生好比跑马拉松，目的就是跑完全程，因此，一定要努力保持健康的体魄啊。

34

“会议”是表现自我的大好机会

无论是《生活手帖》还是“COW BOOKS”都没有开会的习惯。原则上，我们都是采用一对一的沟通方式。只要平常勤加沟通，根本没必要特地抽空开会。

基本上，只要养成所谓“报、联、商（报告、联络、商谈）”习惯，就可以省去许多无谓的程序，也能彻底解决问题。

当然，我们公司也不是完全不需要开会，像是“报告会议”以及分享情报资源的“例行性会议”仍有其存在必要。为什么呢？不论任何工作，我们都是以一周、一个月、三个月、半年为时间轴来设定进度、管理工作日程及订立目标，然后思考自己该如何进行，预估交出来的成果以及接下来的计划等，这些事情都必须让公司全体同仁明了才行。

会议周期视各家公司的情况而定。对年轻人来说，例行性会议是最能表现自我的大好机会。要是我的话，一定会在会议上好好秀一下自己。因为能在众多参与会议的人面前做报告，还有机会发表自己的意见，搞不好还能得到别人的肯定，这种机会岂能错过。

可惜，很多人都没有把握这大好机会，心想反正是例行性会议，所以多半抱着不太情愿的心情出席，只是例行公事般地汇报工作，别被上司抓包就好了。但仔细想想，这种场合可是展现想法、让别人见识到你面对工作的态度、提出见解的大好机会。而且所有人都能听见你的声音，看到你的脸及穿着打扮等，能够让你充分展现对工作的热情、付出多少努力，使他人对你留下深刻印象。

不少成功人士都习惯提早进会议室，默默观察公司同事走进来的样子。也就是以人事考核的观点，观察这个人的工作态度、个性，以及今后的发展等。除了应对进退之外，像是一个人的坐姿、积极性等，都能通过会议这个场合了解。譬如边叹气边坐到最后一排，或是习惯跷脚、托腮的人，大多是对工作缺乏干劲的人。相反的，总是充满活力地打招呼，习惯提早进来坐在最前面的人，给人的印象肯定截然不同。

因此，一定要提醒自己，居上位者随时都在注意底下的人的工作态度。所以态度散漫地打招呼或是一脸不情愿地参加会议的人，就算工作能力再强，表现再怎么优秀，也会被贴上负面的标签。不只是年轻人，希望大家都能明白这一点。即便没有提出新的策划案，只要展现对工作的认真与热情，就能在无法数据化的人事品评上得到高分。其实，居上位者很清楚善于讨好取巧的人，与不擅言辞却很认真努力之人的差别，所以务必积极展现你对工作的热情。

因为我一直以来都是居于寻找人才的立场，随时都在观察公司同事的工作态度。像是会议或早会时，只要能感受到对方的热情与认真，我也会毫不吝啬地给予机会。

35

设法让别人成为你最强的后盾

身为公司或组织的一分子，你会得到许多来自别人给予的机会、批评与信赖。用世俗一点的说法，就是增加别人对你的信赖感，出人头地的机会就越大。

换句话说，就是设法让别人成为你的伙伴。虽然工作上力求表现很重要，但光求表现是不够的。譬如，就算有五人或十人认为某人适合胜任部长，但人事方面仍迟迟无法通过，是职场常见的情况。

那么，什么情况下才会促使这件人事案快速通过呢？答案是，只要有一个人极力推荐就行了。

而且这个人必须具有一定的公信力，只要是他认可的人，一定有晋升资格。若只是“这个人还不错”之类的评价，人事方面绝对不可能立刻定夺，所以你要做的，就是得到别人的信赖，让他们成为你最强的后盾。

让别人成为你最坚定的伙伴这件事，不能光凭工作表现，无法数据化的信赖感才是最重要的关键。因为出人头地这件事，其实与信赖感有着极大关联。

或许公司人事案或策划案的裁决，看起来似乎是少数服从多数，但其实不然。虽然不可能要求所有事情都做到公平，但无论任何事，都必须由一位可以做裁决的人主导，事情才能顺利进行，这就是组织的架构。

想要在公司出人头地，除了本身要有实力之外，还要有强力的后盾支持。所以不是擅于言辞、懂得讨好别人，便能增加旁人对你的信赖感。而且除了工作表现之外，居上位者也会从一些小事，像是用餐的礼仪、上洗手间时的习惯、开会时的坐姿、早会时的站姿等，观察一个人的脾性。

其实，我还有许多25岁年轻人应该知道的事，想和大家分享。虽然都是一些我在二十几岁时尝过教训所学到的事，但还真是应验了“不经一事，不长一智”这句话。

25岁时的我，自认是个手腕高明的职场老鸟，但过于卖弄小聪明的结果，就是总有一天会自曝其短。就像有一次，我遭前辈怒斥：“你只知道卖弄小聪明，却忘了分寸。”

也许手腕高明能让你在公司吃得开，却无法成为专业人士。我尤其讨厌不懂分寸的人。一步一个脚印，扎实地累积经验与成果，这才是正途。

那么，该怎么做呢？靠的就是诚恳与热情。懂得体贴别人、带给别人喜悦，展现诚意就对了。至于要领与技巧，只要愿意学习便不难做到。

36

时常检视工作状况，决定优先级

对上班族来说，开会是家常便饭之事。整理开会内容，写成会议记录和备忘录，是一件非常重要的工作。

但令人意外的是，究竟有多少人能在开完会当天提交会议记录和备忘录？总是要等到上司问“会议记录整理得如何”时才赶紧整理。在别人催促前先行提交，就是一件小成功，这道理适用于任何事。

基本上，工作相关报告要是无法当天提交，便失去其意义。为什么呢？因为要是不当天整理，不但容易忘记一些细节，也不会记得将这件事做完，导致工作越积越多。

同样的，道谢与道歉要是不当天做的话，就越来越没有机会向对方表达心意，所以像是“会议纪录”

和“备忘录”“道谢”与“道歉”这些事，还是越早处理越好。

大部分的人遇到小问题，都会设法自行解决或延后处理，但上述提到的四件事情，还是尽量当天处理较好，因为是否实时处理，也会影响个人的信赖度。

无论是多么琐碎的工作或是应对进退，都算是自己的一种成功经验，只要一步步累积就对了。光是让周遭的同事留下“他是那种一定会当天交出报告的人”这种印象，便不难想象别人有多么信赖你。

还有一件也是25岁的年轻人容易轻忽的事，那就是检视当天工作内容的优先级。虽然检视当天工作内容是理所当然的事，但不少人一旦决定优先级后，便执拗地按照顺序执行。

问题是，计划永远赶不上变化，所以最好养成随时检视工作状况，视情形调整优先级的习惯。可惜很多人都疏忽了这点。若能随时审视情况，灵活调整优先级，一天的工作进度肯定会更顺利。

我们习惯照着最初订立的计划进行，无论如何，都必须赶在期限之内完成。但工作是流动的，要是没有随时检视优先级，往往会遇到措手不及的情况，导致原本应该今天做完的事，延到明天才处理。延后处理的结果，反而容易造成更多工作上的疏失。

因此，一定要养成随时检视优先级的习惯，并视情况灵活调整、随机应变。

二十几岁时的我，非常喜欢使用美国品牌“THINGS TO DO”的记事本，用来书写我每天的工作内容。因为我会随时检视优先级，所以工作进度总是非常顺利。

37

别忘了，天下没有白吃的午餐

也许是年轻不懂事吧。25岁时的我，总想着如何才能轻松赚钱，当时也有许多奇怪的诱惑，但我都会约束自己，绝对不碰。

每天轻松工作就能开法拉利、坐拥豪宅，世上多的是这种充满诱惑的广告字眼或垃圾信息，这些百分之百绝对是骗人的。然而，没什么钱的年轻人很容易被这些谎言诱惑。正因为一心想变成有钱人，急着想做些什么，才会被这些骗人的手法所惑。谁都能站在高档车前面拍照，却没有人能确认这是否为真，所以这也是一种欺骗手段。即便如此，还是有许多人相信，可见这些人多么求财若渴。

这些利用人类的弱点，利用年轻人想轻松赚钱的心态而耍的花招，绝对会让你“尝到苦头”，懊悔不已。自以为是天上掉下来的大好机会，其实是陷阱。

现在最吸引年轻人的，就是靠不动产交易变成新贵的故事,或是大谈海外成功经验。这些人举办研讨会，四处演讲，成功吸引众多年轻人聆听他们如何赚进大把钞票的秘诀。这些演讲多半是免费入场,但一旦参加，就会被怂恿购买指导手册、相关书籍、DVD 等昂贵的周边商品。

在那种气氛下，自然而然就被洗脑了，我觉得这种事真的很可怕。因此，你一定要有“免费东西绝无好货”的观念，牢牢记住天下没有白吃的午餐。

我是那种连路边发的纸巾也不拿，绝对不碰免费东西的人。因为当你拿到免费东西的同时，损失的不只是钱，而是个人资料外泄，成了诈骗集团下手的目标，或是看到什么不堪入目的广告。所以就算是随手拿的免费纸巾，也可能会让自己身陷险境。不要和免费的东西沾上边，也意味着不要理会无缘无故的亲切。

就算认为会赚钱的人是人生赢家，也应该去了解其他各种生活方式与价值观。毕竟幸福是肉眼看不见的东西，只能靠自己判断，即便生活朴实，只要自己觉得幸福就行了。

说得更具体一点，幸福就是不做自己不喜欢的工作。做自己不喜欢的工作不但无法长久，还会觉得痛苦，只会让自己陷入不幸深渊。谁都可以轻言：“我一点都不幸福。”但之所以不幸福，不就是因为自己的选择与生活本质背道而驰吗？唯有明白这一点，才会发现赚钱、博取名声并不是人生的唯一目的。比起如何轻松赚钱，更应该明白有多少人因为失败而哭泣。

幸福不等于赚钱，结交志同道合的朋友让自己开心，也是一种幸福。俗话说：“朋友是一面反映自己的镜子”，交友不该以利益为出发点，拥有能带给你激励与影响的朋友，也令人感到幸福。

38

星巴克是打工的首选地点

25岁是容许自己还不确定未来的路该怎么走的过渡时期，就某种意义而言，此时正值人生的锻炼期。

若一时找不到适合的工作，我建议找一家当前最受欢迎、最流行的店打工。如果我现在25岁，我会选择星巴克，就算一星期只排一天班也没关系。

为什么呢？因为星巴克迷很多，店面扩展迅速，算是经营得十分成功。虽然星巴克刚登陆日本时的确给人耳目一新的感觉，但日本早已发展出自己的咖啡文化，全店禁烟的星巴克要在日本扎根并不容易。不过，星巴克却成功克服重重难关，如今在日本也很受欢迎。

我认为星巴克之所以受到欢迎，在于贴心的服务，也就是理想的待客之道。其实星巴克刚登陆日本时，我不是那么喜欢，只觉得又有一个外国品牌的咖啡店进入日本市场；再者，因为店员的服务质量不太好，感觉员工教育跟不上店面扩展速度。虽然那时的我觉得罗多伦比较好，但最近我完全改观，再也不讨厌去星巴克。之前星巴克店员的态度给人比较冷淡的感觉，但现在星巴克的服务质量有了惊人的进步。据媒体报导，星巴克全面检讨服务质量，全力克服各种困难，成了企业革新成功的极佳案例之一。

因此，许多企业群起效法星巴克的全新待客之道。就某方面而言，我也很想进入星巴克工作，很好奇星巴克的职场环境是什么情形，想要一探究竟。

记得我 25 岁时，麦当劳就好比现在的星巴克。那时的我曾在麦当劳打工，所以很清楚麦当劳非常注重礼貌与贴心的服务，但现在这方面做得最好的应该属星巴克了。即使只有一年也好，我很想要一星期到星巴克打工一两次，相信一定能学到很多东西。

我是个很敏感的人，感觉得到星巴克正努力一步步地拉近与顾客之间的距离。为什么我会这么认为呢？因为我常去的那家星巴克，店员都记得我喜欢点什么，这应该也是星巴克员工守则上要求的其中一项吧。店员遇到熟客会主动说：“帮您点您常喝的 ×× 咖啡，如何？”客人开心之余，还会顺便跟店员聊上两三句呢。

星巴克这种贴心的服务态度并非逐渐养成，而是让我忽然感受到他们的转变，也很佩服他们的勇气与精神。我想，星巴克一定有将员工如何与客人沟通的待客之道写成员工守则，还会在店内公布栏，贴上店员最推荐的产品与个人感想吧。

虽然每家店的做法或多或少有些差异，但建立服务人员与客人之间的一对一互动关系，这种做法着实创新。星巴克店员在面对客人时，一定会先打声招呼，像是“今天比较早”之类的，光是这句话就让客人觉得很暖心。基于这个理由，我建议年轻人不妨去像星巴克这么棒的环境打工，见识一番。

39

苹果与谷歌不是唯一的就业目标

如果我现在25岁的话，也会很向往进入苹果与谷歌这些知名企业工作。但因为我是高中辍学前往美国，连大学也没上，所以学历根本过不了门槛，直接投递履历是没有用的。

但我不会因此而放弃，因为这世上充满各种机会，有些事情无法预测，或许也还有别的方法。虽然进去的可能性如针孔般微小，但制造机会的方法绝对不只一个。譬如，收购IBM PC部门的中国联想集团主席兼董事长杨元庆先生，当初并非以正式员工身份进入公司，而是从工读生阶层开始一路往上爬，最终成为联想集团的首脑。

可见工作的敲门砖不只一块，就看个人的意志与态度如何创造机会，小虾米也会变成大鲸鱼。

我认为，去星巴克打工是最佳的职前训练，说不定哪一天苹果公司的高层人士来店消费，看到我努力工作的模样，会随口问我："你叫什么名字？"或许就是进入苹果工作的契机。毕竟人生充满着无限可能。

不过，就算是大学毕业，若没有具备两种以上的外语能力，要想进入一流企业并不是那么容易的事，况且多得是条件相当优秀的人才。所以我的建议是，不要以竞争对手较多的企业为目标，虽然无论福利或是发展性，一流企业的确令人称羡，但不是只有进入这样的公司才有前途可言。

其实，不只一流企业，其他像是拉面店、连锁咖啡店等服务业，或是美容沙龙等行业，竞争者也不在少数，要是没有比别人出色的条件，实在很难脱颖而出。我因为学历不足的关系，一直都是挑选竞争性较低的行业，但我认为自己的想法近乎真理。

想象自己和一千个人竞争，以及和五个人竞争的情况，当然和五个人竞争的得胜机率较高。如果你做的这份工作没有任何竞争对手，说明你是这份工作的先驱者。所谓没有竞争对手的工作，就是发现新问题、探究还没有人发现的需求。

而且这般需求与生活息息相关，想想自己每天的生活有什么令人困扰的地方，或许就能发现开创事业的好点子。

此外，商品化、服务化的“实时性”也是一项值得注意的新兴产业。像是近来医疗服务推出的 3D 打印技术，便是一块极具发展性的领域。还有以往我们只能知道截至昨天为止的各种信息，但在进入互联网时代之后，通过网络随时都能得知“10 分钟前”的情报。不过，人类的欲望是无止尽的，即时通讯这块领域的发展，日后势必益发蓬勃。

至少我认为这块市场尚未成熟，今后尚有发展空间。建议准备踏入职场的年轻人，不妨考虑这块还没有太多人青睐的领域，比起已经发展成熟的公司和行业，选择别具潜力的新兴领域，或许能为自己带来更多机会。

40

历练五年，就可以考虑自立门户

我想，大家都想趁年轻时闯出一番事业、功成名就，但每件事都有步骤，必须按部就班，计划才能顺利进行。

譬如，大学毕业后就想创业，要是没有一定的实力与运气，根本不太可能成功。因此，如果你心里有个具体目标，就应该先找份工作，才是通往成功的快捷方式。不一定非得谋份正职不可，先进入目前最受欢迎的企业打工也行。

在组织中学习工作原则与基本的职场常识与技巧，学习人际关系、理解社会组织架构等，这些都非常重要。累积各种经验与一定的观察后，最快五年后就可以开始计划今后自己要如何创业。

虽说是创业，但不一定要离开公司，也可以选择在组织中创业，提出自己的策划案，这也算是另一种型式的创业。

2013年8月发行的《日本经济新闻》刊载一篇名为《年轻人创业式微》的报道。根据报道："开公司，自己当社长——勇于挑战这种梦想的年轻人越来越少。根据日本政策金融公库数据显示，2012年创业的人数，29岁以下的比率为9.8%，和1990年相比，降低了5%。"不只是先进国家，纵观亚洲各国，日本的创业意愿几近最低水平。

虽说日本长期不景气，但好歹也是经济大国，且25岁的社会人士应该不少，薪水也不差才是；但二十几岁的年轻人创业率之所以下降，显示出新时期年轻人对于未来充满不安，加上长期不景气，作风也趋于保守，对将来不抱梦想。

我觉得抱持这样的想法真的很可惜，若能打心底想做些什么，"努力"加上"意志"，便有可能成就什么，不是吗？所以我希望年轻的你能更有志气一点。

或许你认为这么做是在绕远路，但了解社会组织架构绝对是创业的必备功夫。通过交换名片这般反复的基本礼节，磨炼自己的沟通能力，这种事没有任何快捷方式。学习各种基本功夫与细节，确定自己熟悉之后，再进行接下来的行动。

至少必须花上五年的时间学习，之后再决定是要继续留在公司，还是独立创业。总之，五年后再思考自己未来要走的路，才是最妥善的做法。在此之前，一定要努力学习，不然就算过了五年，还是什么都学不好。需要学习的东西越多，要花的时间相对越长，无论将来要走什么样的路，立下以五年为目标，训练精神独立就对了。若想实现自己提出的企划案，也需要五年左右的时间。或许你觉得五年太长了，但建议还是要投资这一段时间，才能仔细观察自己所处的职场环境与世界趋势。

要是没有训练自己洞察各项事物的能力，无论做什么事都很难成功。相反的，只要勤加训练，成功概率也会跟着提升。

41

英文绝对是必备利器

英文是必备利器，今后无论工作还是生活，用到英文的机会将越来越多。要是不会英文，连站上起跑点的资格都没有，再也没有比这更令人扼腕的事了。

综观日后的职场环境，与外国人士接触的机会将越来越多。随着《跨太平洋伙伴协议》等法案的推动，可能你的顶头上司就是外国人，到时若无法充分沟通，无法分享情报资源，你就会成为职场废材。

因此，对25岁的年轻人来说，英文绝对是必备利器。或许你现在还无法深刻感受学好英文的重要性，那就当作自我投资吧。就像考驾照以备不时之需的道理是一样的。不对，英文比驾照更重要，花时间学好英文绝对是最好的投资。能够与外国人交流，你的世界会变得更加宽广，自我感觉与价值观也会随之改变，所以学习英文真的很重要。

现在对于英文能力的要求，远比我25岁那时要高得多。在我们那时代就算没学过英文也能混口饭吃，但现在25岁的年轻人可就无法逃避英文了。不久后的将来，无论到哪里都必须用英文与外国人沟通，就像互联网普及的现在，若只看得懂本国语言的网站，实在是太可惜了。世界明明为你开了一扇窗，你却无法像别人一样走近，不觉得很不甘心吗？

像我们出国采访时，都会有口译人员或接待人员随行，其实这样并不好。往后能够直接与当地人沟通、交涉、采访的人，才称得上是职场的赢家。

现在有很多人都能说一口流利的英文，履历表上写明自己通过TOEIC（托业）之类的国际英语考试，俨然成为时势所趋。

我是到美国生活之后才开始学英文的，因为是模仿当地朋友的发音与口吻，有些话说得很怪，所以我现在还是非常努力地学习英文，修正不对的地方。附带一提，我还学了中文和法文。

尤其在这竞争激烈的时代，要是不会英文，能够发挥的范围就会受限。目前日本 IT 相关产业的人力供过于求，薪资也跟着缩水，虽说时势造英雄，一旦供过于求，价值就会下跌，这就是资本主义结构。

如果我能够用英文沟通无碍，会考虑前往人才缺乏的中国，或是薪资高、生活相对有保障的美国发展。

现在，英文已然成为世界的共通语言，海外也有许多大好机会正等待你去发掘。

42

景气低迷的产业，反而更有创新机会

我认识一位人称“投资之神”的长辈，从他那堪称祖师爷级的专业眼光，我学到的谋职的诀窍。

这位投资之神曾说：“现在就算是投资最赚钱的企业，也没什么甜头可尝了。”理由是因为现在正值巅峰，代表不久后的将来就是谷底。

相反的，他认为：“日本现在低迷的企业多如牛毛，这样的产业反而更有机会翻身。”因为这种公司一定得有一番革新，而且一定要有人带头创新。所以要找工作的话，应该要选这种景气低迷的企业，这说法还挺大胆的，对吧？投资之神还告诉我，这样才有机会成为创新者。

若你身为这种企业的经营者、领导者或经理人，会如何管理公司呢？其实，景气低迷的企业是一处能将“理想”付诸实践，较容易抓住出头机会的地方。相反的，在经营成功的企业里，根本没有让你成为创新者的机会。

那么，现在哪一个行业最辛苦呢？我认为是传统媒体产业。放眼望去，几乎每个频道都是搞笑艺人撑场的综艺节目，不然就是一大堆电视广告，情报又不够实时。

事实上，传统媒体的黄金期已过，如今是互联网当道，因此，若我现在要选择工作的话，我会锁定电视业，想象自己是制作节目的工作人员，思考如何筹制新节目。

虽然进入知名电视台工作并不容易，但电视业有许多合作的外包厂商，像是制作公司、媒体承包商等。若能进入这些相关合作单位，就有机会成为革新者。时薪几百日元的工作并不难找，不妨考虑先进入这样的公司打工，毕竟大公司不是那么好进去。我会选择先去制作公司打工，并逐步找到往上发展的方法与机会。

不论是进入哪一种类型的产业或是学术界，你都有可能成为革新者。要想成为革新者，除了必须具备行动力与执行力，也要有发现“不合理”之处，导正市场歪风的洞察力。

记得我刚经营二手书店时，便发现一股“不合理”的现象，那就是本来就很有价值，也有人愿意以高价收购的书，却被以非常便宜的价格贩卖。可见许多景气低迷的产业，一定存在着类似的问题，我认为这些问题点都是创新价值的机会。

若你想成为革新者，那就以“进入景气低迷的产业为目标吧”！也请务必参考一下我那位断言前景荣盛的企业“已无甜头可尝”的投资专家前辈的观点。

43

改变观点，才能提升层次

我从小学开始就经常在想:“为什么大人不这么做?”“为什么没有人发现这件事?”而且小小年纪的我对自己很有自信，常想着“假设”自己是老师的话，会怎么做。“假设”自己是校长的话，又会怎么做。脑子里总是这么思索着。

即便长大成人之后，我还是拥有这个习惯。因此，要是我现在是个25岁的上班族，一定会想:“假设我是经营者，我会怎么做呢?”养成从不同观点思考事情的习惯，从中发现目前需要什么，找到问题点，发现新价值。

尤其是面对工作时，培养从不同角度思考事物的习惯真的很重要。要是没有试着从“假设”的观点想象一件事情，势必难以突破既有框架。

我经常提醒年轻人："老是站在自己的立场思考每件事，人生永远无法成长，试着以'假设'的观点来思考吧！"只要以"假设"自己是经营者或总编辑的立场来思考、行动，一定能发现目前最需要解决的问题。总之，试着改变观点，一定能带来好结果。

初到美国的我既不会英文，又是亚洲人，有很多先天不足的地方，但还是找到时薪2美元的工作——清运工地的垃圾。这种没人想做的工作却成了我的第一份差事。当时美国法律规定最低时薪是4美元50分，所以像这种连基本工资都没有的工作，根本不是人做的。那时的我想说先找到工作再说，于是决定从这份工作开始累积小成功。

我不管投身哪个行业，都会以"假设"的观点来思考，"假设"自己是经营者会怎么做。当然会先从假设自己是部门主管开始思考，再来假设自己是经理人该怎么做。假设自己是老板又该怎么做。循序渐进，试着从不同角度来思考，脑中自然会涌现许多想法，展现令人耳目一新的作风。试着从经营者的观点来看待事物尤其重要，因为养成这个习惯，不但让我的工资调升到时薪 12 美元，还晋升为小组长。

若时薪 800 日元的人，能够以经营者的观点来思考事情，会出现什么变化呢？我想，无论是打招呼的方式、行为举止、被交办事情时的态度等，意即所有反射神经驱使的行为都会变得不一样。相反的，若一直觉得自己只是个领时薪 800 日元的小工，工作态度也许永远都不会改变吧。

只要学会以“假设”的观点来看待事物，就能展现不一样的自己。可惜鲜少人明白这个道理,即使明白，也不知从何做起。

我不是夸大其词，而是真的很想问问现在 25 岁的年轻人:“假设你是总统，你会怎么做呢？”只要试着换个立场、改变观点，驱动自己的想象力，自然就能看清眼前的一切，也能养成随时都以客观角度思考事情的习惯。

那么，假设你是一国之首，你想如何改造你的国家呢?

44

建立自我品牌，迎来更多机会

让别人知道你的存在、了解你的想法，是一件很重要的事。

25 岁时的我想到的最好方法，就是打造“松浦弥太郎”这个品牌，要是没有将自己品牌化，就算在公司有出头的机会，周遭也无法马上想到“松浦弥太郎”这个利器（机能性、性能）。这么一来，工作机会不但无法增加，还会丧失发挥实力的机会，实在很可惜。

记得我年轻时，有位前辈要求我：“写一篇自我介绍吧！”就算是简单一点的个人简历也没关系。其实自我介绍就是思考如何将自己品牌化，如何让别人一眼就记住自己，对自己留下深刻印象，因此，试着写出自己与众不同的地方吧。虽然前辈这么说，我却迟迟写不出来。也许现在 25 岁的你马上就能写出来，打造自我品牌是一件非常重要的事，也是了解自己的方法之一。

现在透过脸书、推特之类的社交平台，便能向外发声，也能在上头书写详细的个人资料，好比自己的想法、兴趣、从事什么工作等，这些个人资料就是绝佳的个人品牌策略。只要建立个人品牌，便能迎来更多工作机会或其他机会。

书写自我介绍时，必须以“想让对方如何接受自己”为观点，将自己想做些什么之类的信息，正确地传达给对方。在社交网络上拥有众多粉丝的人，都很勤快地贴文最新动态、专长等，还会时常更新个人资料，进而吸引更多人关注。相反的，不知道如何扩充个人资料的人，只能写些像是 1994 年出生、东京出生之类的基本资料。在现代，如何让不通过面对面交流的人也能认识你，是一件非常重要的事。若想通过自我介绍让对方留下深刻印象，就必须将自己想做的事、期望的事，坦白如实地传达给对方。

虽然很多人都有写博客的习惯，但不可否认，人气博主比一般人更懂得如何塑造个人品牌。个人品牌确立后，不但能让别人更加了解你，还能立即链接相关人士、情报信息等。

因此，如果我现在25岁的话，我会写一篇让别人一看就知道我是个什么样的人，我想做些什么的自我介绍。如何让通过网络初次接触的人对你产生兴趣，更是一大课题。

顺带一提，我现在都会将自己的个人资料分为两种，一种是让初次见面的人可以马上了解我的个人资料；另一种则是介绍自己近况的个人资料，而且这部分会时常更新。

建议大家不妨在名片设计上多花点心思，像是具体传达自己的想法、想要做些什么的信息等，要是没有抓住每一次能向别人推销自己的机会，实在非常可惜。

45

别总是把“没办法”“不会”挂在嘴边

17岁那年远渡美国，之后频繁往来美国与日本的我，直到二十二三岁还是没办法说一口流利的英文，经验和知识也很浅薄，总觉得自己一无是处，自然而然地便将“没办法”“不会”这些消极的字眼挂在嘴边。

这时，我读了一本某位脑科学家写的书，加上自己的研究后才终于明白，原来人类的大脑里有一块称为“安定领域”的部分，它会记忆自己说过的话，并加以定型。

就算这些话对自己来说并非事实，但经由口传入耳，再送达脑部，就会在脑中定型成事实。结果本来会的事却变成不会，也就无法发挥实力，所以大脑其实也会妨碍自己展现实力。因此，这本书提到：“千万不能将消极的字眼挂在嘴边。”这对当时的我来说，是个莫大的启发。

自此之后，就算我觉得自己可能做不到，也不会说出“没办法”“我不会”这类消极的字眼，也告诉自己绝对不说什么“没时间”“没钱”的话，即便赌气也绝不说出口。因为我觉得一旦这么说就没戏唱了，所以直到现在，还是不会脱口说出这些字眼。

虽然绝大部分的年轻人生活不太宽裕，但老是将消极的字眼挂在嘴边，久而久之，消极的想法也会深深烙印在脑中。别忘了，我们脑中有个会记忆、能将说过的话定型的区域，一旦被定型，就会束缚自己的能力、行动力与意志。

就算你是现在才知道脑子里有这么一块区域也没关系，从现在起，停止说这些消极的话语吧。虽然难免有情绪低落、意志消沉的时候，但只要不将其化成言语说出口就行了。若你是那种总是把“没办法”“不会”这些字眼挂在嘴边的人，劝你赶快改掉这个毛病，因为一旦深植脑中，就很难根除了。

换个角度剖析我们的大脑结构，也有不少可以好好利用的地方。例如，多说些积极的字眼，脑子就会存入积极的元素。其实人类是很单纯的生物，就算每天装得一副生活愉快的模样，久而久之心情也会跟着变好，这种现象或许也跟大脑的结构有关。

若总是摆出一副对任何事物都不感兴趣的样子，机会永远不会到来。反观总是笑脸迎人、活力充沛的人，人脉和情报资源便会自动汇集，因此，经常说一些正面的话、态度也很积极的人，也较容易发挥出超乎想象的实力。

戒掉老是将消极话语挂在嘴边的习惯，多说些正面、积极的话，你的人生一定会有所改变。

46

试着从领导者的高度看事情

我想告诉25岁左右的你一个基本道理，那就是试着从老板或顶头上司的高度看事情，这一点非常重要。

或许你平常少有机会与上头的人沟通，但其实上司每天都在关注、确认交办给下属的各项事务，所以多少有机会与他们接触。这时，若能展现自己从他们的高度看事情的能力，一定能突显自己的存在，加深对方对你的印象。

其实，上司不是只看业绩与评价，也会观察下属的态度与个性，并将这些列入人事考核的重要因素，而且这部分与个人的年龄和职衔无关，重要的是能否赢得他人的敬重。

一个人要是不受人敬重，便无法建立信用。至少我认识的大老板和企业家都是个性率直、让人敬重的人。由此可见，能够成为顶尖的人，多是真诚之人。

某位拥有200名员工的企业老板曾告诉我：“我很尊敬我们公司的一位工读生，他每次都会大声地对送东西过来的快递说：‘老是麻烦你，谢谢啰！’真的是一位很有礼貌的人。当我知道以后很感动，也打从心底尊敬他。”

听到这番话的我也很感动。一个贵为大老板，一个是工读生，两人的身份地位有着云泥之差，却让我们看到身为人最真诚的本性。足见无论处于什么立场，只要肯用心，都能感动别人。

年轻的你更是要明白这个道理。因此，不论是沏茶也好，整理书柜也罢，不妨找个理由，训练自己从领导者的高度看待事情。之所以这么做，并非为了刻意突显自己努力做些杂事的模样，毕竟这种伎俩马上会被识破；主要是希望让别人知道我的存在，以及发现我积极的态度。因此，平常就要训练自己从领导者的高度来看事情。

自从担任《生活手帖》总编辑一职之后，我更有此感触。其实上头的人找下面的人谈谈也不是什么坏事，没必要那么恐惧，只要训练自己能以领导者的高度看事情，展现对公司、对工作的积极态度就行了。因此，我随时都会提醒自己，要以领导者的高度看事情。

47

每天至少阅读两份报纸，并比较报道内容的差异

虽然现在有很多人都不看报纸，但报纸仍是互联网与电视的情报来源。所以不管有没有兴趣，我认为25岁左右的年轻人应该养成看报纸的习惯。

每天看报纸不但能了解世界情势，也能训练自己的“媒介认知能力（media literacy）”，即分析、辨识情报的能力。除了阅读之外，还要比较两种报纸内容的差异。我每天都会阅读、比较《朝日新闻》和《每日新闻》，刊载在报纸上的报道大略分为“事实”与“意见”两种，因为报纸上刊载的意见不见得属实，所以要是不阅读两种报纸的话，将很难分辨哪个是事实、哪个纯属个人意见。比较之后，还会发现同样是事实，写法却不同。所以阅读、比较报纸是一件很有趣的事。

因为阅读时难免会对报道存疑，于是靠着自己的探究，逐一破解疑问，从中训练思考力与洞察力。若没有余力多买一份报纸，不妨善用公司、咖啡厅、饭店等有提供报纸的公共场所，也能阅读到两种报纸。

我很喜欢看报纸广告与周日的求职版。基本上，要是景气差，企业不会刊登广告，也不会登招聘广告，所以这两个版是观察经济脉动的最佳情报来源。

譬如，我看到买下一整版的“黑醋萃取液”广告，就会好奇这商品为什么卖得这么好，兴起想去他们的门市或公司看看的念头，足见报纸也有反映时势的效用，所以年轻的你更应该养成读报的习惯。其他像是畅销书等，同样也有反映趋势与社会型态的效用，建议年轻人对于这方面也要留意。

或许现在25岁左右的你觉得工作很难找，对未来充满不安，但街上还是看得到很多高级进口车奔驰。难不成，景气并非想象中那么不景气吗？我很存疑。

虽然互联网已经成为生活中的必需品，但网络上的信息十分混杂，很难分辨什么才是正确的情报。因此，养成看报纸、比较报纸内容的习惯，才能明辨真实与否。

当然，报纸内容也并非全都正确，所以我不会囫囵吞枣地接收所有信息。正因为大环境不景气，所以将来毫无梦想可言的想法，也许已不知不觉地深植你的脑中，但我希望年轻人能够打破这样的迷思，对社会多一点关注。不妨就从比较报纸内容，找出什么才是正确情报开始做起吧。

近来，具名的新闻报道越来越多，所以我会比较写报道的人与做决定之人的意见。其实，比较两份报纸的内容，也是如何分析事物的一种训练，就算对报道内容存疑也没关系，只要找到能说服自己的主张或观点，进一步确认分析，也能提升自己分辨情报的能力。

48

锻炼观察力

当年不会说英文、口袋空空还敢飞去美国的我，住在治安不是很好的地区，加上人生地不熟，根本无法预知会发生什么情况。所以无论是在咖啡馆吃早餐、还是走在路上，甚至坐在饭店大厅休息，都让我觉得有点害怕。

也因此，那时的我自然而然地练就一走进店里，便知道店里的人是如何看待我的瞬间观察力。譬如，某个人觉得我是进来偷钱的小偷，或是不会说英文的亚洲人……我的脑子里浮现出各种想象。

回到日本后，我还是改不掉这个观察的习惯。虽然在日本根本不需要这么做，但我连搭电车时，都会观察周遭有没有什么奇怪的人，因此，万一发生突发状况时，我一定可以马上逃离，或是避开较危险的地方。

换句话说，观察力也是一种防御方法。

就像我前往美国这个不是自己安身立命之所的国度，不时观察周遭环境所培养出来的认知力，就是一种自我锻炼的方式。虽然那时的我不会说英文，也听不懂英文，但在交谈过程中通过表情与声调，便能逐渐明了对方想传达些什么。

多亏这般认知力与观察力，无论是法文还是中文，我都能大概了解对方的意思。观察力加上想象力，不断地训练自己，这般功夫对于生活或工作都非常重要。

我经常看到25岁左右的年轻人，不论是搭电车或走路都在玩手机，我想，他们大概对周遭不感兴趣也不关心吧。我不否认音乐和游戏也是一种乐趣，但我觉得最有趣的还是人与风景。对我来说，能让人不断探究的事物，远比具体的事物更有吸引力。而且能够彻底完成一件事的，大多是习惯观察人、事、物的人。

譬如，我每天早上搭六点左右的电车上班，发现早上搭电车的人以男性居多，为什么呢？这是我的一个发现。此外，最近看到电车上有那种看起来很具自我风格的年轻人穿着工地制服，也引发我的好奇心。我想，早上搭电车的多是男性，可能是因为加强取缔路边停车的缘故；至于穿着工地制服的年轻人，可能是因为越来越多的年轻人还没找到工作，只好暂时从事体力工作的关系。

察觉、注意一件事情，然后思考、观察也是训练自我的一种方式。无论走在路上还是吃饭时，养成观察周遭的习惯，也许会为自己带来意想不到的收获，或是发现什么有助于工作的事。由此可见，关心周遭事物的重要性。

边走路边玩手机，只会让自己错过有趣的人、事、物，真的很可惜。也许会不经意看到什么与工作有关，因而涌现出灵感呢。我相信，灵感往往来自对于周遭的观察。

49

忠于基本原则

我认为无论面对任何事，忠于基本原则是最重要的。年轻时的我，经常忽略这个道理，轻蔑最基本的事，喜欢自己搞创意、变花样。然而，轻忽基本原则的结果就是学得不够扎实。所以学习一件事，还是要从忠于基本原则开始。

好比煮咖喱饭这件事，大家知道只要照着盒子上写的方法制作，就能煮出非常美味的咖喱饭吗？我到现在还记得按照盒子上写的方法制作，煮出来的咖喱饭有多么美味，好吃到令人感动不已。我用自己的舌头，了解到忠于基本原则的伟大与美好。

可惜绝大多数的人都不会注意到盒子上写的料理方法，也不会按照上头写的步骤来做，所以怎么煮都煮不出如此美味的咖喱。

自以为什么都知道，就想搞创意是行不通的。

以咖喱饭为例，先按照盒子上写的方法煮三次，待了解如何煮出美味的咖喱饭之后；第四次再依个人喜好，加些创意，才能让咖喱饭变得更美味。

我认为无论是学习语文，还是学习任何新事物，先忠于基本原则才能够学得扎实。

我是那种做任何事都不太会偏离基本架构的人，虽说如此，有时还是多少会表露个人的喜好与欲望。但只要随时提醒自己别忘了忠于基本原则，就不会相差太远。其实我想说的是，诚恳面对任何事物就对了。

若非抱着诚恳的心态学习，永远都学不好。人到了一定年纪，累积一定程度的历练时，就会明白基本原则的重要，但年轻人往往觉得基本原则既无趣又枯燥，也就容易出错。

其实，依循基本原则所体验到的成功滋味，才是最幸福的感觉，所以基本原则“十分有趣”，一点也不枯燥。

日常生活中也有很多基本原则，虽然大家不会把“身为社会一分子要怎么做”“身为公司一员该怎么做”之类的话挂在嘴边，但大家应该都知道主动打招呼、遵守约定等做人的基本原则。

这些基本原则代表一个人的质感，只要提升自己的质感，就能成功融入社会，赢得好评。

50

确立自我价值，时常自我革新

不管是工作还是做任何事，持之以恒是一件非常困难的事，所以我觉得有恒心非常重要。

不只是出版业，电视界亦然。例如，某段时期密集上电视，还出了很多书的名人，某天却突然从媒体上消失，这就是被媒体过度“消费”的下场。

在众多名人之中，我最欣赏媒体工作者池上彰先生的态度。明明出了多本著作还经常上电视参与谈话性节目的他，却从某个时间点开始减少自己在媒体曝光的机会。我的解读是，身为媒体工作者的池上彰先生不希望自己被过度消费，选择以退为进的态度。事实证明，日后他只选择自己认为必须要上的节目，并参与节目制作、演出等，活跃于各领域。

要想成功，就得靠自己扭转一切。也就是说，聪明的人知道如何拿捏其中的损益平衡点。看到如此洁身自爱的池上先生，我也警惕自己绝对不能成为被过度消费的对象。正因为明白这个道理，所以必须时常自我革新。

我自己也是常被消费、被视为商品的一方，因此，我期许能在被看腻之前，找到不同的自己，发现新的想法，一直持续创作下去。为了让自己成为别人眼中的必需品，我一直很认真地思考究竟该以何种面貌、何种姿态、何种感觉，站在人生舞台。

精神病理学家香山里加小姐和池上彰先生一样，也是一位善于自我经营的女性。著作丰富的她，除了电视的谈话性节目之外，还投身于社会运动，一直都很活跃，是一位让我非常佩服的成功人士。我想，香山小姐应该也是那种勤于更新脸书个人近况，积极拓展新领域的人。

无论是池上先生还是香山小姐，站在人生舞台上的他们总能展现出不同的风貌，这也是我永远都要学习的课题。

世上有太多事，等待我们去学习。所以25岁的你不妨把自己视为一件商品，想象自己是摆在水果店的一个苹果，思考如何能在一大篮苹果中脱颖而出，被客人挑中。

凡事冲过头，只会招致反效果，这是普世皆准的道理。只要按照这个道理、原则看待自己的生活和工作，就不会迷失人生方向。

51

我以身为日本人为傲

前面已经写了我想做的50件事，还有一件是我无论如何都想提出来的。那就是，我想“以身为日本人为傲”活下去。

我之所以再次体认身为日本人的骄傲，其实是拜一篇报道之赐，希望与现正25岁左右的日本年轻人分享，也希望能为其他国家的年轻人带来启发。

2011年3月11日，东日本大地震发生后，世界银行与国际货币基金的员工之间流传着一封电子邮件，那是前世界银行副总裁西水美惠子女士翻译的一篇文章。西水女士于2013年2月开始在《每日新闻》上刊载专栏。电子邮件的主旨是关于日本人如何面对震灾后的生活，文章题目是“从日本人身上学到的10件事”。

（1）“The Calm ＝平静” 看不到他们悲恸地捶胸顿足、几近发狂的模样，即便悲伤，仍保持一定的优雅。

（2）“The Dignity ＝威严” 有秩序地排队领取水与粮食，没有人口出恶言、做出粗暴的行为。

（3）“The Ability ＝实力” 令人惊讶的建筑设计力。大楼虽然剧烈摇晃，却没有坍塌。

（4）“The Grace ＝品格” 大家只买自己需要的东西，不会恶意囤积物资。

（5）“The Order ＝秩序” 没有发生店铺遭抢的事件，在路上行驶的车子不会随意超车、按喇叭，大家都很克制自己的情绪。

（6）“The Sacrifice ＝牺牲” 有50位核电厂员工为了用海水冷却原子炉，而留守核电厂，对于他们的牺牲奉献，我们能回报什么？

（7）“The Tenderness ＝体贴” 餐厅自发性降价，ATM（自动提存款机）仍正常运作，没有遭到人为破坏。有能力的人帮助弱势者。

（8）“The Training ＝训练” 就连老人、小孩都知

道自己该做些什么，每个人都尽力去做自己该做的事。

(9)“The Media = 媒体” 媒体高度自律，随时提供最新情报，没有愚蠢的记者与来宾，只有安抚人心的报道。

(10)“The Conscience = 良心” 瞬间停电时，正在排队结账的人立刻将手上的商品放回商品架，然后静静地步出商店。

在日本发生的事，我有着深深的感触。(翻译／西水美惠子)

我知道世界上很多人读了这篇报道之后，对日本人刮目相看，给予很高的评价。看了这10个世人要向日本人学习的要点，让身为日本人的我又有了强烈的自信。

虽然对日本人来说，守秩序、有良心、体贴是理所当然的行为与态度，但这些特质却是让日本迈向世界舞台最强而有力的武器。虽然日本人一向给人不会说英文，缺乏积极性的印象，其实并不然。

下次不妨在介绍自己、说明策划案时，加入这10个要点中的任何一项吧。这么一来，便能一扫对于未来感到不安、悲观、没有敢于梦想的勇气、无法登上世界舞台的忧虑。因为具备这10项美德，我们应该要更有自信地活下去。

后记

每次当我发放奖金给《生活手帖》的同事时，都会逐一面谈，亲手将明细递给他们，对他们说声“谢谢”。还会将对每个人的期望与建议写下来，当作礼物送给他们。

我试着列举2013年发放夏季奖金时，勉励同事的一些话语。

(1) 若老是做同样的事，只会让自己退步，所以时常自我检视，写下自己期望达到的目标和课题，然后将过程与结果写成报告。

(2) 让自己成为别人无法取代的情报来源。

（3）努力让自己的少数意见，成为将来的多数意见。发掘别人尚未察觉的“新价值”是一件很重要的事，因此，你的 input = 采取行动，output = 改变行动，一定要和别人不一样。

（4）养成以更客观的角度看待、思考事情的习惯。“假设”自己是总编辑、“假设”自己是经营者，会怎么做呢？如此一来，就能明白现在的你需要什么，并从中发现新价值。

（5）无论面对任何事，都要反复思索“为什么”，也就是深究一件事情的本质。唯有养成这习惯，才能分辨事物的本质，理解事物的本质就是迈向成功的快捷方式。

为了避免让工作伙伴们有小题大作、讨人情的感觉，所以我将这些建议逐条写在纸上，亲手交给他们。

第一条讲的是老是做同样的工作，只会让自己退步。

第二条则是强调培养专长，让自己成为无可取代的情报来源。

第三条想要说的是，唯有自我改变，展现行动力，才能发现别人尚未察觉的新价值。

第四条则是强调若没有养成以客观角度看待事情的习惯，将永远无法成长。

第五条则是探究事物的本质，一定能让自己眼界不同。

我认为每一条都很重要,尤其是第四条。养成以“假设”的观点看待事情的习惯，最为重要。

正因为我总是以“假设”的观点看待事情，才会思考“如果我现在25岁，会想做些什么”，这也是写作本书的动机。只要一想到如果我现在25岁，能和时下的年轻人聊聊，了解他们到底在想些什么，就会觉得自己像个探险家，而感到十分兴奋。

通过此书，让我觉得自己又成长了不少。我特别希望年轻人了解以“假设”的观点来看待事物的重要性，希望他们能更成熟地看待自己与人生。我想，一个人不管活到多少岁，都应该不断成长才是。

松浦弥太郎

著作权登记图字：01-2015-6473
《MOSHI BOKU GA IMA 25 SAI NARA、KONNA 50 NO YARITAI KOTO GA ARU.》

Original Japanese edition published by KODANSHA LTD.
Publication rights for Simplified Chinese character edition arranged with KODANSHA LTD. through KODANSHA BEIJING CULTURE LTD. Beijing,China.
本书繁体中文译文编译来源为悦知文化。

图书在版编目(CIP)数据

25岁，如何规划你的人生：写给十年后不后悔的自己／(日)松浦弥太郎著；杨明绮译.—北京：新星出版社，2016.6
ISBN 978-7-5133-1964-5

Ⅰ.①2… Ⅱ.①松…②杨… Ⅲ.①人生哲学－青年读物 Ⅳ.①B821-49

中国版本图书馆CIP数据核字(2016)第007427号

25岁，如何规划你的人生
(日)松浦弥太郎
杨明绮 译

责任编辑 汪 欣
策　　划 好读文化
装帧设计 金牘設計室 DO-DESIGN STUDIO
内文制作 杨兴艳
责任印制 史广宜

出　　版 新星出版社 www.newstarpress.com
出 版 人 马汝军
社　　址 北京市西城区车公庄大街丙3号楼 邮编 100044
　　　　 电话 (010)88310888 传真 (010)65270449
发　　行 新经典发行有限公司
　　　　 电话 (010)68423599

印　　刷 北京天宇万达印刷有限公司
开　　本 787毫米×1092毫米 1/32
印　　张 7
字　　数 100千字
版　　次 2016年6月第1版
印　　次 2019年10月第9次印刷
书　　号 ISBN 978-7-5133-1964-5
定　　价 39.80元